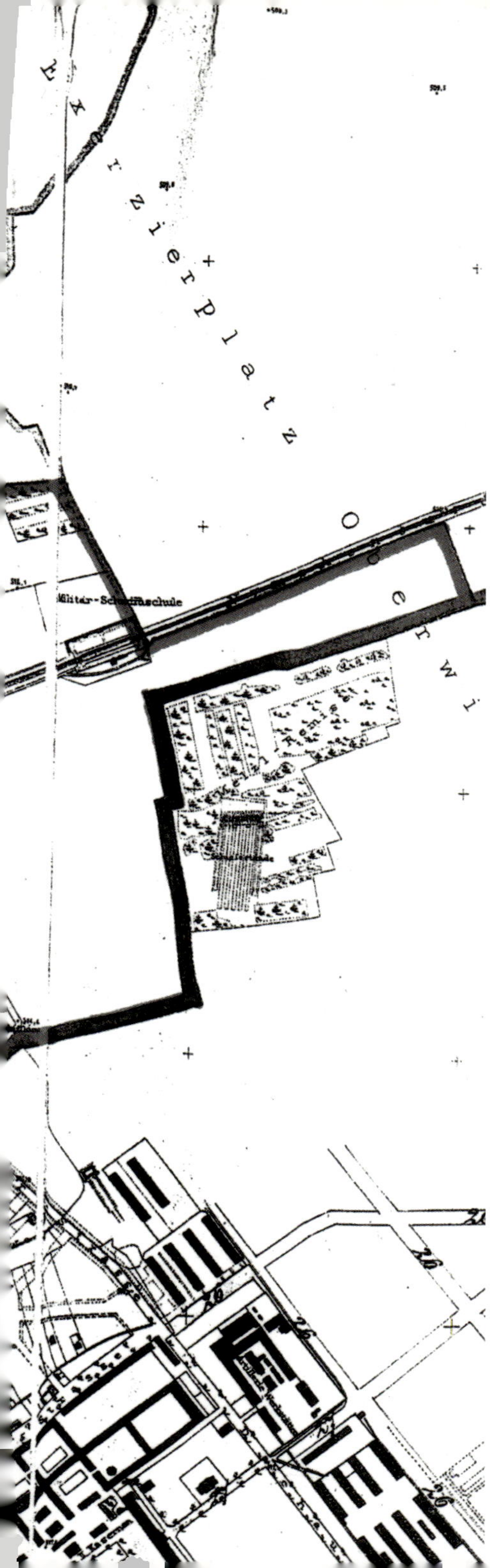

Altes Gern

Karte mit Einzeichnung der Gemarkung Gern, um 1890

Zeitreise ins alte München

Gern

Zeitreise ins alte München

Herausgegeben vom Stadtarchiv München

Helmuth Stahleder

Gern

Volk Verlag München

Die Deutsche Bibliothek verzeichnet diese Publikation in der Deutschen Nationalbibliografie; detaillierte bibliografische Daten sind im Internet über http://dnb.ddb.de abrufbar.

Tel.: 0 89/420 79 69 80; Fax: 0 89/420 79 69 86
Druck: Ludwig Auer GmbH, Donauwörth

ISBN 978-3-937200-76-7
www.volkverlag.de

Inhalt

Bildteil

Vorwort

Kommt man heute auf den Stadtteil Gern zu sprechen, so ist damit vor allem die Villenkolonie gemeint, die der Baumeister Jakob Heilmann in den 1890er Jahren errichtete. Nur den wenigsten Münchnern dürfte hingegen bekannt sein, dass Gern ursprünglich aus vier Bauernhöfen bestand, die von großen landwirtschaftlich genutzten Flächen umgeben waren. Erst im 19. Jahrhundert entwickelte sich Gern in Richtung einer gewerblich strukturierten Siedlung in Stadtnähe. Die Veränderungen, die der heutige Stadtteil im Laufe dieses Jahrhunderts durchlebte, können demzufolge nur als tiefgreifend beschrieben werden.

Mit der Einverleibung der Umlandgemeinde Nymphenburg, zu der auch der Gemeindeteil Gern gehörte, konnte München im Jahr 1899 nahezu 700 Hektar Bodenfläche zu seinem Stadtgebiet dazu gewinnen – Fläche, die die wachsende Großstadt dringend benötigte. Meist aber ging der Wunsch nach Eingemeindung von den Gemeinden selbst aus, die sich in vielerlei Hinsicht Vorteile von der Zugehörigkeit zur Stadt versprachen. Auch die Gemeinde Nymphenburg – und damit ihr Ortsteil Gern – erhoffte sich von der Eingemeindung finanzielle Erleichterung bei Projekten wie dem Schulhausbau oder der Elektrifizierung der Straßenbeleuchtung.

Schon seit geraumer Zeit setzt sich das Münchner Stadtarchiv mit der Geschichte der einzelnen Stadtteile auseinander. Folgerichtig haben wir auch gerne den Vorschlag des Volk Verlags aufgegriffen, eine eigene Stadtteilreihe zu begleiten. Ziel dieses Vorhabens soll es sein, die Vielfalt der Landeshauptstadt greifbar zu machen und der gewachsenen Struktur Münchens aus den verschiedenen Vororten Rechnung zu tragen. Der Schwerpunkt liegt dabei auf der Entwicklung des jeweiligen Stadtteils in den Jahren von 1850 bis 1920, da hier die wesentlichen sozialen und baugeschichtlichen Umbrüche verortet werden können. Die Aufmerksamkeit soll sich vor allem auf die Milieustruktur des jeweiligen Stadtteils richten, auf die Menschen, die dort lebten, und auf die sozialen Einrichtungen, die sie vorfanden und nutzen konnten. Aber auch die infrastrukturelle Anbindung, die ansässigen Gewerbezweige und etwaige bauliche Veränderungen werden behandelt. Das Konzept soll aber flexibel genug sein, um sich den individuellen Bedingungen, die im jeweiligen Stadtteil herrschten, anzupassen und falls nötig Veränderungen an der Gewichtung der einzelnen Aspekte vorzunehmen.

Die Stadtteilreihe „Zeitreise ins alte München" soll somit auch den passenden Rahmen bieten, um die Entwicklung Gerns, auch anhand von fotografischen Zeugnissen, in all ihren Facetten nachzuzeichnen. Gerade die Abbildungen sind es, die einen lebendigen Eindruck von der damaligen Lebenswelt der Menschen in ihrem Stadtviertel vermitteln. Das Bildmaterial stammt dabei ausschließlich aus den Beständen des Münchner Stadtarchivs und besteht aus einmaligen Aufnahmen aus der Frühzeit der Fotografie bis in die ersten Jahrzehnte des 20. Jahrhunderts. Diesen frühen fotografischen Zeugnissen wurden in diesem Band auch spätere Aufnahmen an die Seite gestellt.

Die zum großen Teil unbekannten Aufnahmen aus dem alten Gern liegen heute in verschiedenen Bildbeständen, von denen nur zwei hier kurz vorgestellt sein sollen:

- Ein Großteil der Aufnahmen stammt aus dem Nachlass des Münchner Fotografen Georg Pettendorfer (1858–1945), der 1950 über das Kulturamt an das Stadtarchiv abgegeben worden ist. Das Stadtarchiv München hat diesem „Stadtfotografen" bereits 1989 eine von Eva Graf und meinem Vorgänger Richard Bauer herausgegebene eigenständige Publikation gewidmet.
- Einem amtlichen Zweck diente ursprünglich die städtische Hochbausammlung, die Hans Grässel, der Leiter des Stadtbauamtes, 1905 anlegen ließ, um die Veränderungen im Stadtbild Münchens zu dokumentieren. Diese Fotografien, darunter Aufnahmen vieler verschiedener Münchner Fotografen aus den Jahren von ca. 1870 bis 1935, zeigen deshalb vor allem viele Abbrüche und vorwiegend städtische Neubauten. Diese städtische Sammlung wurde in den 50er Jahren an das Stadtarchiv abgegeben.

Für das Zustandekommen dieses Bandes ist vielen zu danken. Zum einen dem Volk Verlag, der diese Stadtteilreihe initiiert und schließlich engagiert begleitet hat. Und zum anderen natürlich Helmuth Stahleder, Autor zahlreicher Publikationen zur Münchner Geschichte, der das alte Gern vor den Augen der Leser zum Leben erweckt, dabei aber den größeren Zusammenhang nicht aus den Augen verliert.

Dr. Michael Stephan
Leiter des Stadtarchivs München

Drei Klöster und vier Bauern an der Wiege Gerns

Was einen Ort auf dem Land, ebenso wie jeden einzelnen Bauernhof, ausmacht, sind nicht die paar Gebäude zur Unterbringung von Mensch, Vieh und landwirtschaftlichen Erzeugnissen (Wohnhaus, Viehställe, Getreidestadel, Heuschober, Geräteschuppen). Es ist vielmehr die Summe aller Grundstücke, die zum Ort und zum einzelnen Hof gehören, die Gemarkung oder Flur. Auch Gern bestand nicht nur aus den paar Gebäuden an der Einmündung der Gerner Straße in die Klugstraße. Die zu Beginn des 19. Jahrhunderts gebildete Gemeinde Nymphenburg – damals sagte man Rural-, also Landgemeinde, im Unterschied zu Stadt- oder Marktgemeinde – bestand aus den beiden Orten Nymphenburg und Gern mit den zu ihnen gehörenden Feldern und Wiesen, also Gemarkungen. Dabei war die Gemarkung Gern das ganze Gebiet von der Achse Döllinger- und Pilar-/Taschnerstraße im Westen bis weit in das Oberwiesenfeld hinein im Osten und vom Kessel beim heutigen Waisenhaus bis zum Westfriedhof beziehungsweise bis kurz vor Nederling.

Beim Blick auf eine alte Katasterkarte, etwa die des Urkatasters von 1809, fallen bei Gern die großflächigen Fluren auf. Gern bestand schon um 1450 und noch bis ins 19. Jahrhundert aus nur vier Bauernhöfen[1], die alle früh in den Besitz von Klöstern kamen. Zu Dietramszell kamen die beiden an der Gerner Straße einander gegenüberliegenden Anwesen, nämlich der noch 1921 im Adressbuch „Oberländer" genannte Hof oder „Ballauf-Hof" an der Westseite der Gerner Straße, kurz vor deren Einmündung in die Klugstraße, und der schräg gegenüber an der Ostseite der Gerner Straße/Ecke Klugstraße gelegene „Holzbauer". Ein weiterer Hof, der „Oswald"[2], gehörte zum Kloster Beuerberg.[3] Es war die spätere „Gerner Brauerei". Der vierte Hof, neben der „Gerner Brauerei", war Besitz von Kloster Dießen am Ammersee.

Besitz in der Hand einer geistlichen Herrschaft, z. B. eines Klosters oder einer Messstiftung (Benefizium) an einer Kirche, blieb in der Regel jahrhundertelang unverändert in deren Hand, wurde nicht zersplittert. Deshalb haben sich im Bereich um Gern bis ins 19. Jahrhundert große Fluren erhalten, etwa das Feld westlich der Straße von Gern nach Nederling, jenseits des Kanals, die „Nederlinger Breite", oder fast der ganze Grund von den Gerner Häusern angefangen, zwischen Klugstraße und Kanal bis zur Dachauer Straße, genannt die „große Kanalwiese".

Im 2. Koalitionskrieg gegen das Frankreich Napoleons hatte sich Bayern an die Seite von England, Russland und Österreich gestellt. Der Krieg endete für Bayern katastrophal mit der Schlacht bei Hohenlinden im Landkreis Ebersberg, auf die der Friedensvertrag von Lunèville folgte. Er entschied unter anderem, dass alle von den Franzosen besetzten linksrheinischen Gebiete bei Frankreich bleiben sollten. Das Kurfürstentum Bayern verlor damit unter anderem die ganze linksrheinische Kurpfalz und die Herzogtümer Zweibrücken und Berg (nördlich von Köln am Niederrhein), insgesamt 200 Quadratmeilen mit 730.000 Einwohnern. Dafür sollte es entschädigt werden, wiederum mit dem Gut anderer, nämlich der Kirche. Der gesamte Kirchenbesitz wurde eingezogen, die weltlichen Staaten der Bischöfe, die sogenannten Hochstifte, und fast alle Klöster wurden aufgelöst und der Staat konfiszierte deren ganzes liegendes und fahrendes Vermögen, das sie im Laufe von Jahrhunderten geschenkt und gestiftet erhalten hatten. Das Unterfangen nennt man Säkularisation, also Verweltlichung oder Verstaatlichung des geistlichen Besitzes. In Regensburg, dem Sitz des Reichstages, erarbeitete eine Deputation von Abgeordneten den Entschädigungsplan. Er wurde als sogenannter Reichsdeputationshauptschluss am 25. Februar 1803 vorgelegt. Am 11. März erließ der Kurfürst das sogenannte Besitzergreifungspatent. Schon am 17. März wurde in München mit der Auflösung des ältesten Münchner Klosters, des Angerklosters, mit der Besitzergreifung begonnen.

Auch die in Gern begüterten drei Augustiner-Chorherrn-Stifte – Beuerberg, Dießen und Dietramszell – wurden noch 1803 aufgehoben und die vier Bauernhöfe von Gern wurden über Nacht Eigentum des Staates. Nicht jedoch wurden sie Eigentum der Bauern; denn die Säkularisation war keine Bauernbefreiung! Nicht der einzelne Bauer sollte profitieren, sondern der Staat, der durch den Krieg hoch verschuldet war. Bei Anlage des Urkatasters von 1809 (Karten) beziehungsweise 1812 (Text) befand sich ein einziger der vier Höfe in der Hand eines wirklichen Bauern. Es war bereits der Bauer Joseph Ballauf auf dem Oberländer-Hof in der Gerner Straße.[4] Die Ballauf waren eine große Bauernfamilie, der man im 17./19. Jahrhundert auch in anderen Orten um München begegnet, in Nederling, Moosach, Feldmoching, Untermenzing, Perlach.[5] Ballauf war sichtlich der einzige der Gerner Bauern, der die nötigen finanziellen Mittel hatte, um seinen bisher gepachteten Hof kaufen zu können (vom Staat, nicht vom Kloster!). Der Hof blieb im Besitz der Familie bis in die 30er Jahre des 20. Jahrhunderts: Erst 1970/71 wurden das Wohnhaus und die Wirtschaftsgebäude abgetragen und die Hofstelle mit einer Wohnanlage im Stil der Zeit bebaut.[6]

Die anderen drei Höfe befanden sich von 1809/12 bis 1826 bei der Kabinetts-Administration der Königin Karoline, Gemahlin von König Max I. Dann wurden sie veräußert, zunächst alle drei an den Münchner Bierbrauer Michael Schneider. Wenige Jahre danach gingen sie an drei Brüder Stalter oder Stadler (Joseph, Heinrich und Jakob), drei Mennoniten, wahrscheinlich aus der Schweiz, von denen einer später eine Moosacherin heiratete. Danach gerieten die Anwesen immer weiter in die Hände von Spekulanten. Sie fingen an, zu zertrümmern und Gewerbe auf ihrem Grund und Boden zu betreiben, die nichts mehr mit Landwirtschaft zu tun hatten. Das Schicksal von Gern als bäuerlicher Siedlung war mit seiner Säkularisierung besiegelt.

So hatte zum Beispiel das Gerner Anwesen mit der Nr. 4, der spätere „Gerner Bräu" von 1826 bis 1849, innerhalb von 26 Jahren, nicht weniger als acht verschiedene Besitzer, darunter einen Münchner Bierbrauer, einen königlichen Kämmerer und Freiherrn, einen weiteren Münchner Bürger, einen Grafen von Törring-Seefeld und schließlich den Gutsbesitzer Adolph von Kloeber. Der Preis pendelte zwischen 14.522 Gulden (im Jahr 1836) und über 55.500 Gulden. Das Gut befand sich auch 1862 noch immer in der Hand des Herrn von Kloeber und hatte immer noch einen Umfang von 307 Tagwerk.[7] Herr von Kloeber begann auf dem Anwesen Bier zu brauen und richtete einen immer ausgedehnter werdenden Gaststättenbetrieb ein. 1881 erwarb das Anwesen der Privatier Magnus Lindl bei einer Zwangsversteigerung und verkaufte es noch vor dem 29. Januar 1889 an Ludwig Freiherrn von Gumppenberg zu Pöttmes und Oberbrennberg.[8] Er begann mit der Zertrümmerung und vor allem die Stadt München kaufte von ihm einen großen Teil der Grundstücke.

Auf dem ursprünglichen Grundbesitz dieses Anwesens Gern Nr. 4 (Oswald-Hof des Klosters Beuerberg oder „Gerner Brauerei") liegen deshalb das städtische Dantebad und Dantestadion, die Kleingartenanlage zwischen Westfriedhof und Dachauer Straße, das städtische Altenheim Wilhelmine-Lübke-Haus an der Dantestraße und die Kleingartenanlage hinter diesem Altenheim, zwischen Baldurstraße, Dantestraße und dem Kanal.

Von den Grundstücken des Ballaufbauern erwarb die Stadt an der Dachauer Straße zwei große Äcker und erbaute darauf später das Gaswerk Moosach. Auch die Borstei steht auf dem Grund des Ballauf-Hofes. Als Bernhard Borst die 26 Tagwerk Grund erwarb, gehörte er allerdings schon den Erben eines Herrn von Lutz. Von ebendiesem Obersten Maximilian von Lutz aus München, dem das Anwesen Nederling Nr. 1 gehörte, erwarb die Stadt das bereits jenseits der Gemeindegrenze auf Moosacher Gebiet gelegene Areal für den Westfriedhof. Schließlich steht auch das Heiliggeistspital auf einem Grundstück eines Gerner Kloster-Anwesens, nämlich Gern Nr. 2 oder „Holzbauer" des Klosters Dietramszell. Auch das städtische Dall'Armi-Bürgerheim liegt auf Gerner Flur, in einem Feld des Anwesens Gern Nr. 3, ehemals dem Kloster Dießen gehörig.

Vor allem die Stadt München wurde also zur Nutznießerin der Zertrümmerung der alten Klosterhöfe. Nur weil die Höfe so lange so geschlossen beieinandergeblieben waren, gab es am Ende des 19. Jahrhunderts noch derart große zusammenhängende Flächen, die die Stadt für Großanlagen wie Friedhof, Bad, Sportstätten, städtische Werke und Altenheime brauchte. Die Allgegenwart der Stadt in und um Gern hat also letztlich ihre Ursache im Mittelalter, in dem aus dem Mittelalter herübergekommenen klösterlichen Besitz.

Das Schloss Nymphenburg und seine Auswirkung auf Gern

Im Jahr 1663 gab es in unmittelbarer Nähe der Gerner Bauern ein Ereignis, dessen Auswirkungen auch auf ihr Leben sie sicher noch lange nicht absehen konnten: Kurfürst Ferdinand Maria schenkte seiner Gemahlin Henriette Adelheid die benachbarten Hofmarken Menzing und Ober- und Unterkemnating.[9] Sofort begannen die Planungen für ein Landhaus, dem die Kurfürstin den Namen „Nymphenburg" gab. 1680 war der Kernbau des Schlösschens fertig. Vor allem aber haben die geplanten Kanäle die Gerner Bauern beeinträchtigt. Besonders der Kanal nach Biederstein zerschnitt ihre Grundstücke und machte eine Flurbereinigung nötig.

Grund für eine große Umgliederung waren die in der Barockzeit beliebten weiten Perspektiven und schnurgeraden Prospekte zwischen besonderen Blickpunkten („points de vue", „Belvedere"), also schöne Ausblicke, dazu geographische Spielereien mit der Symmetrie bei der Anlage von Schlössern und Gärten, hier verbunden mit der Idee, die Schlösser in der Nähe der Stadt mit einem Kanalsystem zu verbinden, einerseits um darauf Spazierfahrten

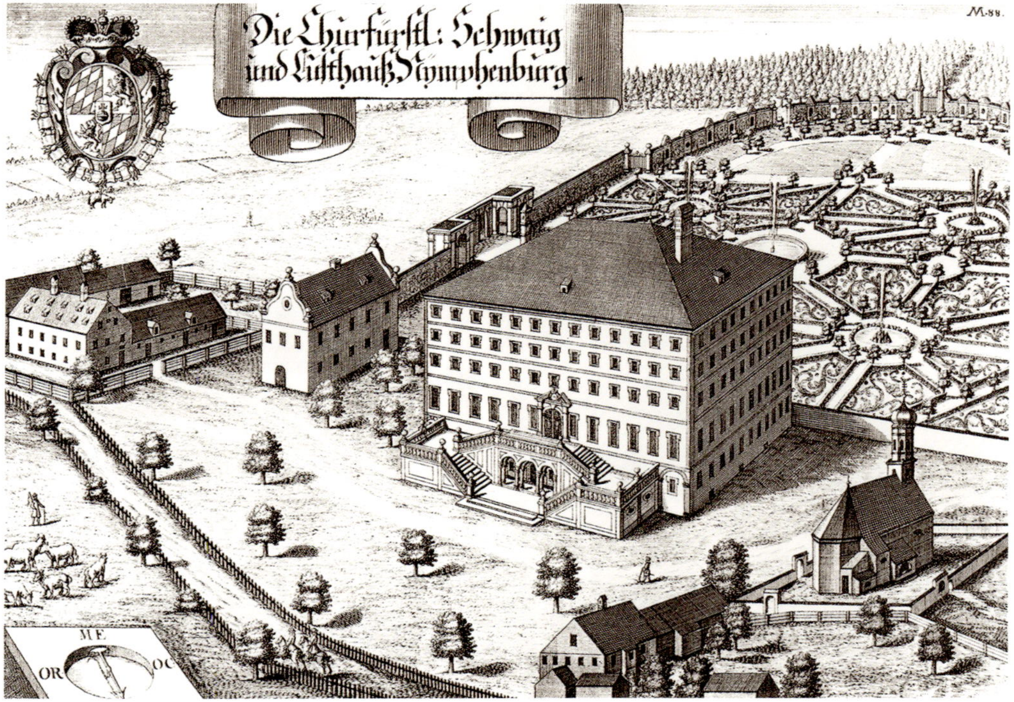

Schloss Nymphenburg mit Schwaige und Magdalenenkapelle. Michael Wening 1701

mit Booten machen zu können, andererseits aber auch zu dem praktischen Zweck, Baumaterial zu den Schlössern transportieren zu können.

Der 1,5 Kilometer lange Kanal (ohne die Weiher vor dem Schloss und ohne den Kessel) zum heutigen Waisenhaus („Canal zwischen Neuhausen und Gehrn" oder Kanal „zwischen Gehrn und Neuhausen")[10] wurde erst 1728 gegraben, berührte aber die Gerner Fluren ebenfalls und bildete im 19.Jahrhundert sogar ein Stück weit die Grenze der Gemeinden Nymphenburg und Neuhausen. Er durchschnitt aber auch die Gerner Flur, sodass noch bis zur Eingemeindung 1899 fast die ganze Südliche Auffahrtsallee bis zur Prinzenstraße (und im Westen bis zur Döllingerstraße) auf Gerner Flur lagen. Beide Kanäle werden mit Wasser aus der Würm gespeist, das in Pasing aus dem Fluss ausgeleitet wird. Bis zur Einleitung des Wassers in die Isar bei Schwabing überwindet der Kanal ein Gefälle von 20 Metern. Bereits der

Gern im Jahr 1779 auf einem Gemälde von J. Stephan „Scharlachrennen in Neuhausen". Der kleine Ort liegt rechts vom Kanal im freien Feld

Kessel gegenüber dem Waisenhaus liegt in einer künstlichen Erdaufschüttung von etwa zwei Metern Höhe über dem normalen Niveau des umliegenden Geländes. Deshalb musste auch Hans Grässel den schlossartigen Bau des Waisenhauses auf ein zwei Meter hohes künstlich aufgeschüttetes Plateau stellen, um ein nobles Gegenüber für das Schloss zu haben.

Die Kanäle zerschnitten die Gemeinde und waren zumindest für den Fahrverkehr eine unüberwindliche Barriere. Fuhrwerke, die aus Neuhausen und München Richtung Menzing und Allach wollten, Bauern, die auf beiden Seiten des Kanals Felder hatten, aber auch alle Last- und Unratabfuhrtransporte sowie später die Leichenwagen zum Nymphenburger Friedhof mussten über das Schlossrondell fahren und konnten erst dort – „an dem Hauptportale des Königlichen Lustschlosses vorbei" – nach Norden durch die Gasse bei den Englischen Fräulein wieder aus dem Schlossbereich hinausfahren. Beim Wunsch nach einer Brücke spielte auch der Transport von Baumaterial für den nördlich des Kanals gelegenen Ortsteil von Nymphenburg eine Rolle.[11]

Die gleiche Ansicht hundert Jahre später. Blick etwa vom späteren Dom-Pedro-Platz aus, Aufnahme 1895

Nicht nur Nachteile hatten die Gerner Bauern von der Nähe des Hofes. Sie erhielten von dort auch Arbeitsaufträge und damit Lohn- und Verdienstmöglichkeiten, z. B. für Fuhrdienste für den Kanalbau, für die der Bauer Oswald Zehetmair 1702 mehrmals ausbezahlt wurde.

Die Planungen für den Bau einer Fahrbrücke über den Nymphenburger Kanal [= Waisenhauskanal] in der Verlängerung der Ludwig-Ferdinand-Strasse“ [heute Teil der Menzinger Straße] – deshalb heißt die Brücke heute noch Ludwig-Ferdinand-Brücke[12] – an Stelle des Fußgängersteges wurden 1890 in Angriff genommen.[13] Konstrukteur war der Nymphenburger Mitbürger und Architekt August Thiersch.[14] Die Brücke wurde am 28. Dezember 1892 dem Verkehr übergeben.[15]

Der Bau der Brücke „über den Kesselkanal“[16], „über den Kessel bei Gern“ oder „Gerner Brücke“ genannt, im Zuge der Winthir-/Gerner Straße, wurde als Fahrbrücke 1896 in Angriff

Gerner Brücke, im Hintergrund das Waisenhaus. Aufnahme August 1909

genommen. Sie wurde am 26. August 1897 dem Verkehr übergeben.[17] Gebaut wurde sie von den Firmen Heilmann & Littmann und Weyss & Freitag.

Die Brücke über den Nymphenburg-Biedersteiner Kanal im Zuge der Nederlinger Straße, – die „Pruggen negst dem Dorff Gern“ – wurde schon im September und Oktober 1701 von fünf Zimmerleuten erbaut.[18] Gleichzeitig wurde auch an der Brücke nächst Gern „auf der Mossacher Strass“ gearbeitet, also im Zuge der Dachauer Straße, bei der heutigen Borstei.[19] Damit der Fahrverkehr auf dem Wasser nicht behindert wurde, dürfte es sich um Brücken zum Schwenken, Abbauen oder Hochklappen gehandelt haben.[20] Die Überführung der Kesselstraße [Waisenhausstraße] über den Kanal im Zuge der heutigen Waisenhaus- und Dantestraße wurde am 30.Juni 1898 vom Magistrat genehmigt.[21]

Schon auf Karten der Zeit um 1800 finden sich zwischen Wiesen und Felder eingestreut kleine rechteckige Grundstücke, mit Bäumen und Gebüsch bepflanzt, zum Teil eingezäunt. Sie wurden in unserem Bereich von Gern aus verwaltet und zwar von dem einzigen Haus des alten Gern, das heute noch vorhanden ist, an der Einmündung der Gerner Straße in die Klugstraße, ehedem neben dem Ballauf- oder Oberländerhof gelegen. Es war Teil der königlichen Hofjagd-Intendanz. Zu ihr gehörten diese kleinen Flecken auf der Karte. Sie werden dort als „Remise“ bezeichnet. Remise ist ein Begriff der Jägersprache und bedeutet „Schlupfgebüsch“. Da die Wiesen und Felder dem Kleinwild, z. B. Kaninchen[22] oder Rebhühner, keinen oder nur wenig Unterschlupf gewähren konnten, wurden gezielt kleine Wäldchen angelegt, um ihnen Unterschlupf zu verschaffen. Heute verschwunden sind die auf den Karten noch eingezeichnete „Oberländerremise“ am späteren Gaswerk, innerhalb der Flur des Oberländer- oder Ballauf-Hofes[23] und die „Oswaldremise“, die innerhalb der Flur des Oswaldhofes des Klosters

Umkreis des Dantebades. Ganz rechts der Platz vor dem Westfriedhof, davon ausgehend nach links die Dante- und Waisenhausstraße. Parallel zum Kanal das weiße Band der Klugstraße, zwischen beiden das Rechteck der Aufhüttenremise. In der Mitte links, zu beiden Seiten der Tizianstraße, die Kolonie Gern. Unten links das trichterförmige Wäldchen des König-Ludwigs-Einfangs (Taxisgarten). Das Wäldchen der Oswaldremise am Danteband bereits stark ausgedünnt (dunkler Fleck schräg rechts neben dem Badebecken). Aufnahme um 1915

Beuerberg – der späteren „Gerner Brauerei" – lag. Sie ist 1921 im Dantebad und Dantestadion aufgegangen.

Schräg gegenüber der Oswaldremise, auf der anderen Seite des Kanals lag die „Aufhüttenremise".[24] Diese ist heute noch erkennbar. In der ehemaligen Aufhüttenremise zwischen dem Kanal, der Nürnberger und der Pasch- sowie der Klugstraße steht heute die katholische Pfarrkirche St. Laurentius.

Ein paar Meter weiter südlich dieser Remise zeigen die Karten ein Wäldchen, das bis zur Landshuter Allee reicht. Die Quellen des 19. Jahrhunderts nennen es „König-Ludwigs-Einfang" – weil mit einem Zaun eingefangen – oder „ehemalige Fasanerie bei Gern". Auch dieses Gebilde ist noch erhalten: Es ist der Taxisgarten mit den Anlagen des ehemaligen „Erholungsparks für Kriegsbeschädigte", der 1920 auf dem von der Krongutsverwaltung gepachteten Grund errichtet wurde[25], hervorgegangen also ebenfalls aus einem ehemaligen kleinen Jagdrevier des Hofes.

Das Jägerhaus

Die Revierjägerei Gern unterstand der Hofjagd-Intendanz. Zur Jägerei gehörten 1812 in einer 1. Abteilung u. a. die Fasanenmeister zu Hartmannshofen, Moosach, Nymphenburg und Schleißheim und weitere 19 Mann Personal. Die 2. Abteilung bildeten die „Revierjäger in dem königlichen Leibgehäge" (!). Auf dem heutigen Stadtgebiet gab es je einen Revierjäger in Allach, Forstenried, Sendling, in der Hirschau und erstmals im Jahr 1812 auch in Gern. Seit 1824 ist Max Roth als Revierjäger nachgewiesen.[26] Der Name Roth bleibt fast das ganze 19. Jahrhundert mit Gern verbunden. Letztmals wird 1884 ein Max Roth „Oberjäger und Revierjäger" zu Gern genannt.[27] Max Roth wurde 1911 Oberjäger und Revierjäger im Tiergarten bei Nymphenburg, also im Hirschgarten. 1912 ist Engelbert Brieschenk Revierjäger in Gern.[28] Der Revierjäger in Gern hatte Ende des 19. Jahrhunderts jeweils zwei Jagdgehilfen an seiner Seite.

Das Jagdhaus Gern ist bereits auf dem Katasterblatt von 1809 zu erkennen.[29] Nach dem ältesten, 1812 angelegten Kataster war das Jägerhaus mit fast 13 Tagwerk Grund ausgestattet, also ein kleiner Bauernhof.[30] Er wird am 20. Juli 1836 als Wohnhaus mit Stall, Stadel, Heuboden, Wasch- und Backhaus und Garten beschrieben[31], 1837 und 1839 als „ein Stock hoch", also nur aus Erdgeschoss bestehend, nebst Kuh- und Pferdestall, Stadel, Holzhütte,

Backhaus, Hofraum und Gemüsegarten. Von hier aus wurden unter anderem drei Aufhütten und alle im königlichen Jagdrevier liegenden Remisen sowie der König-Ludwigs-Einfang (Gehölz und Wiese) betreut, ebenso das Kapuzinerholz und weitere Remisen, Gehölze und Äcker, die als Unterschlupf für Kleingetier (Niederwild) dienten.[32] 1848 waren das zusammen über 77 Tagwerk Jagdrevier.

Das Haus dürfte zwischen 1806 und 1809 gebaut worden sein. Die aufgeführten Nebengebäude und Grundstücke täuschen darüber hinweg, dass es sich dabei um eine eher armselige Unterkunft handelte, die von Anfang an Anlass zu Klagen gab. Bereits 1846 sind die Öfen schlecht und das Gebäude ist im Winter so feucht, dass darin der Salpeter wächst. 1847 heißt es, im Kuhstall stehe oft tagelang das Vieh zwei Fuß tief im Wasser, da der Boden gegenüber dem Wohnhaus um 1 ½ Schuh niedriger liege. Dem könne nur durch Erhöhung der Umfassungsmauern abgeholfen werden.[33]

Das Jägerhaus an der Ecke Gerner und Klugstraße, Aufnahme 1979

Außer der kleinen Landwirtschaft war mit dem Jägerhaus zur Aufbesserung des Einkommens des Revierjägers eine Wirtschaftsgerechtsame verbunden, die zu immer wieder aufbrechenden Streitigkeiten führte, die aber andererseits aufschlussreiche Einblicke in das Innenleben des Hauses gewähren. 1857 heißt es dazu, dass „seit undenklichen Zeiten die k[öniglichen] Revierjäger zu Gern ebenso wie die Revierjäger, Fasanenmeister und Revierförster im k[öniglichen] Hirschgarten, ..., beim Aumeister sowie in den Fasanengärten zu Hartmannshofen, Moosach, Schleißheim, Perlach etc. etc. die Befugnis besitzen, den diese Lokalitäten besuchenden Gästen Speise und Trank zu jeder Zeit zu verabreichen und diese Plätze als Erholungs- und Belustigungs-Orte für Fremde und insbesondere für die Einwohner der Stadt München allgemein bekannt und benützt sind". Insbesondere bezüglich der Wirtschaftsbefugnis auf dem Revierjäger-Hause zu Gern habe sich niemals ein stichhaltiger Anstand ergeben und es sei namentlich auch letzterwähnte Lokalität als Belustigungs-Platz für das Publikum von jeher anerkannt gewesen.

In der Zwischenzeit hatte 1860 und 1861 der Revierjäger Roth wieder Grund, sich über die Bau-Gebrechen des Jägerhauses und der Ökonomie-Gebäude zu beklagen. Sie seien in einem höchst gebrechlichen Zustande, vor allem in der Stallung bestehe Gefahr für Mensch und Tier. Der Zustand des Hauses besserte sich nicht. 1883 nennt es die Hofjagd-Intendanz ein Häuschen, welches in keiner Weise den minimalsten Anforderungen hinsichtlich der nötigen Räumlichkeiten und der Salubrität [= Gesundheit] entspreche. Roths Familie bestehe im Ganzen außer dem Genannten und der Frau aus sechs Kindern und einer Magd, somit aus neun Personen. Die Unterkunftsräume bestünden aus zwei Zimmerchen zu ebener Erde nebst kleiner Küche und zwei Zimmerchen über einer Stiege unmittelbar unter dem Dach. Letztere seien eigentlich nur Verschläge. Ein Abort fehle im Haus gänzlich.

Das führte nun doch dazu, dass das Haus im Frühjahr 1884 aufgestockt wurde. Dadurch erhielt es einschließlich des projektierten Abortes eine Fläche von 33 Quadratmetern. Von fünf Zimmern allein im 1. Stock wird nun gesprochen. Aber wegen der tiefen Lage des Hauses laufe das Regenwasser immer noch zur Haustüre herein. In dieser Form von 1884 bietet sich das Haus heute noch dar.

1902 gab es eine Gastwirts-Gerechtsame beim Schloss Nymphenburg (Schlossschwaige) und zwei Gerechtsame bei den Jägerhäusern im Hirschgarten und in Gern. Über die Gerech-

tigkeit im Jägerhaus zu Gern waren aber wohl nicht nur durch Philipp Roth, sondern auch durch den Brauerei- und Gaststättenbetrieb des Gerner Bräus, der nach 1849 im ehemaligen Oswaldhof eingerichtet wurde, die Verhältnisse hinweggegangen. Die Konzession scheint dadurch eingeschlafen zu sein. Erst 1912 steht sie in gewandelter Form wieder auf: In diesem Jahr wurde dem nunmehrigen Revierjäger Engelbert Brieschenk für seine Frau eine Konzession zum Ausschank von Kaffee erteilt, weil bei der Nachbarschaft ein Bedürfnis danach bestehe.[34] Brieschenk war bereit, die notwendigen baulichen Veränderungen innerhalb des Gebäudes auf eigene Kosten zu übernehmen. Die Gastwirtschafts-Gerechtigkeit wurde damit gegen eine Kaffeeschenk-Gerechtigkeit ausgewechselt. Dazu waren die entsprechenden Umbauten nötig[35], vor allem Einbau von Aborten im Erdgeschoss und eigener Eingang in die Wirtschaftsräume. Brieschenk verpflichtete sich, bei Aufgabe der Kaffeewirtschaft oder bei einem Abzug aus dem Revierjägerhaus den früheren baulichen Zustand der Erdgeschossräume auf seine Kosten wiederherzustellen und hinterlegte dafür eine Kaution.
Mit Beginn des Jahres 1915 war dem Revierjäger von Gern das Fasaneriegebäude in Hartmannshofen zum Wohnsitz zugewiesen. Dadurch wurde das Revierjägeranwesen in Gern frei, stand mit dem Leibgehegerevier nicht mehr in Zusammenhang und konnte vermietet werden. Es handelte sich immer noch um Wohnhaus, Stallung mit angebauter Gehilfenwohnung, Kartoffelkeller, Getreidestadel, Holzremise, Back- und Waschhaus, Gartenhalle, Hofraum, Wurzgarten und 1,20 Tagwerk großer anschließender Wiese oder Grasgarten, wovon ein Teil später für den Durchbruch der Nederlinger Straße von der Brücke her Richtung Auffahrtsallee verwendet wurde, da das ganze zum Haus gehörige Areal damals weit über die heutige Nederlinger Straße hinüber reichte. Die sämtlichen Gebäude befanden sich 1914 im Allgemeinen in gutem baulichem Zustand. 1917 regnete es allerdings an fünf Stellen durch das Dach herein. Da das Gebäude seines Zweckes entfremdet war und nicht mehr gebraucht wurde, wurde es um die Jahreswende 1919/20 verkauft.

Heute ist von dem ganzen Baukomplex nur noch das Wohngebäude mit angebautem ehemaligem Stall vorhanden und das dazugehörige Grundstück auf einen kleinen Rest geschrumpft.

Das Bad und Restaurant Roth

Das Jägerhaus wurde unbeabsichtigt zur Ursache für eine weitere Einrichtung in Gern, die den Ort von seiner bäuerlichen Herkunft und Ausrichtung entfernte, indem ausgerechnet der Bruder des Revierjägers in unmittelbarer Nachbarschaft im Jahr 1856 ein Freibad, das „Gerner Bad", eröffnete. Es nutzte das Wasser des Kanals neben der Brücke und hinter der späteren Brauerei. Es war mit Bretterwänden gegen die „Außenwelt" abgeschlossen und in ein Männer- und ein Frauenbad getrennt. Es war immerhin 400 Fuß, also knapp 120 Meter, lang. Sprungbretter gab es noch nicht, aber kurz vor dem 1. Weltkrieg eine kleine Revolution, indem das Gerner Bad einen Familienbadetag einführte.

Am 9. September 1857 stellte der Bad-Inhaber Philipp Roth in Gern den Antrag auf Erteilung der Befugnis zum Ausschank von Erfrischungen an seine Badegäste. Das rief seinen Bruder, den Revierjäger Max Roth, auf den Plan, der sich vehement gegen die Konkurrenz zum Schankrecht auf seinem Jägerhaus wehrte. Die Hofjagd-Intendanz nahm am 7. Oktober dem Landgericht (dem späteren Landratsamt) gegenüber Stellung und erklärte, eine Notwendigkeit zu einer 2. Wirtschaft im Weiler Gern, der nur aus sechs Anwesen bestehe – das 5. war das Jägerhaus, das 6. das Bad –, bestehe nicht. Die Behauptung, dass für die darin wohnenden sechs Familien die im Jägerhause ausgeübte Wirtschafts-Gerechtsame nicht genüge, würde sich umso weniger rechtfertigen lassen, als diese Wirtschaft wegen ihrer guten Bedienung und der Billigkeit der Preise allgemein beliebt sei. Das Landgericht München links der Isar lehnte daraufhin den Antrag ab.

Dagegen erhob natürlich Philipp Roth Einspruch bei der Regierung, der dem Landgericht übergeordneten Stelle. Ihr gegenüber wies nun der Revierjäger Max Roth darauf hin, dass, wenn seinem Bruder die Wirtschafts-Gerechtsame erteilt würde, die Tafernwirts-Gerechtsame auf dem Jägerhaus in Gern auf das Wesentlichste benachteiligt und namentlich die ihm und seinen Dienstnachfolgern in Gern als Dienstes-Einkommen allerhöchst zugestandene Gastwirtschafts-Ausübung dortselbst ganz darnieder gelegt würde. Max Roth bat die Intendanz ganz eindringlich, nach Kräften dahin zu wirken, „daß meinem Bruder Philipp Roth die erbetene Tafernwirts-Concession doch auf keinen Fall ... verliehen werde". Daraufhin bestätigte die Regierung den ablehnenden Beschluss des Landgerichts an Philipp Roth.

Das Roth'sche Bad am Kanal. Postkarte 1898, gez. R. Wagner

Das ehemalige Bad und Restaurant Roth von der Nederlinger Straße aus, um 1970. Wenig später wurde das Gebäude abgebrochen und in alter Form neu wieder aufgebaut

Derselbe Blick nach dem Wiederaufbau, Herbst 2009

Die Schankgerechtigkeiten bei den Forst- und Jagdhäusern – etwa auch beim Aumeister in Freimann, dem Forsthaus Wörnbrunn oder dem Hirschgarten – haben ihren Grund darin, dem jeweiligen Forstmeister, Aumeister oder Revierjäger ein kleines Zubrot zu seinem Gehalt zu verschaffen. Sie waren Teil ihrer Besoldung.

Der Streit zwischen den beiden Brüdern flammte erneut auf, als Philipp Roth 1861 wieder ein Gesuch um eine Konzession einreichte. Der Bruder Max erhob wieder Einspruch dagegen. Diesmal jedoch half es nichts mehr. Am 4. Januar 1862 erteilte das Landgericht dem Philipp Roth die Wirtschafts-Konzession, die Beschwerde der Hofjagd-Intendanz beim Ministerium des Handels und der öffentlichen Arbeiten bewirkte nichts mehr.
Philipp Roth konnte das „Restaurant Roth" in seinem Haus neben der Kanalbrücke eröffnen. Es bestand noch in den 20er Jahren. Das Haus selbst wurde Anfang der 70er Jahre des 20. Jahrhunderts abgebrochen und mit veränderter Giebelseite zur Nederlinger Straße in der ursprünglichen Form wiederaufgebaut.

Die Brauerei und das Ausflugslokal

Wenige Jahre später erfolgte ein weiterer Schritt Richtung Umwandlung eines bäuerlichen Ortes zu einer gewerblich strukturierten Siedlung in Stadtnähe. 1876 wurde das Wirtschaftsgebäude des ehemaligen Klosterhofes von Beuerberg, des Oswaldhofes, in eine Bierhalle umgebaut. Der Inhaber braute inzwischen Bier auf seinem Grundstück. Es entstand die seit 1905 „Gernerbräu GmbH" genannte Brauerei mit Bierausschank und Biergarten, einem Festsaal für ca. 1.000 Personen, seit 1906 auch einem Musikpavillon mit Tanzboden, der bald zu einem beliebten Ausflugsziel der Münchner wurde.

Der Ausbau zu einer Großbrauerei erfolgte vor allem seit 1898. 1920 erwarb die Löwenbrauerei den ganzen Gebäudekomplex und legte die Brauerei still. Der Biergartenbetrieb ging noch weiter bis etwa 1970. In diesem Jahr (am 9. Oktober) erwarb die „Neue Heimat" das Gelände[36], beseitigte die noch verbliebenen Gebäude, auch das alte Bauernhaus gegenüber der Einmündug der Gerner Straße in die Klugstraße, und errichtete dort eine moderne Wohnanlage. Infolge heftiger Bürgerproteste konnten zumindest die alten Kastanienbäume weitgehend erhalten bleiben.

Gerner Brauerei, Brauereigebäude (alter Bauernhof „Oswaldhof"), Bierhalle, Biergarten. Postkarte 1.7.1915, gez. F. Haß

Jakob Heilmann und die Firma

Zu einem völlig anderen Ort machte Gern aber erst der neue Besitzer eines weiteren Bauernhofes, des Holzbauern (ehemals Kloster Dietramszell), an der Ostecke Gerner Straße/Klugstraße, gegenüber dem Jägerhaus.

Jakob Heilmann, 1846 bei Aschaffenburg geboren[37], kam mit 16 Jahren nach München, um sich zum Baumeister ausbilden zu lassen. Schon während seines Studiums am Polytechnikum in Zürich arbeitete er nebenbei im Eisenbahnbau, auf welchem Gebiet er dann auch seine ersten Erfolge hatte. In Berlin studierte er an der Bauakademie und im Meisteratelier von Walter Gropius. 1871, mit 25 Jahren, gründete er in München eine Baufirma, die seit 1. März 1892 durch Hinzutritt seines Schwiegersohnes, des Architekten Max Littmann (1862–1931), als Teilhaber den Namen „Heilmann & Littmann" führte.[38] Berühmt ist die Firma für zahlreiche Großbauten innerhalb und außerhalb Münchens – zuerst Eisenbahn-, dann Hochbau: Prinzregententheater, Schauspielhaus in der Maximilianstraße, die Kaufhäuser „Hertie"

Jakob Heilmann.

am Hauptbahnhof und „Oberpollinger“ in der Neuhauser Straße, Industriebauten, die Kurhäuser von Bad Kissingen und Bad Reichenhall, die Stuttgarter Staatsoper und das Schillertheater in Berlin, Kliniken, Bierburgen wie die Pschorrbräu-Bierhallen und das Hofbräuhaus oder Hotels wie das Hotel „Vier Jahreszeiten“. Heilmann war auch der erste, der die Wasserkraft der Isar für Elektrizitätszwecke nutzbar machte und Mitbegründer der Isarwerke wurde.

Mit großem Engagement widmete sich Heilmann aber von Anfang an auch dem Wohnungs-, vor allem dem Eigenheimbau. An der Heß- und an der Thorwaldsenstraße (zwischen Lazarett- und Loristraße) begann er bald nach dem Krieg von 1870/71 mit dem Bau von gesunden, angenehmen Wohnungen, vor allem in dem damals in München fast unbekannten Villen- sowie Ein- und Zweifamilienhaus-Stil. Familienhaus-Colonien wie auf der Prinz-Ludwigs-Höhe, in Groß- und Kleinhadern, Solln, Harlaching, Holzapfelkreuth, Menterschwaige und Ebenhausen sind ebenso das Werk Jakob Heilmanns wie seine erste, die Familienhäuser-Kolonie in Nymphenburg-Gern. Die Vorbilder dafür kamen aus England, wo schon zu Beginn des 19. Jahrhunderts für London der Typ der Gartenvorstädte entwickelt worden war.[39]

Heilmanns Idee

In seiner 1881 gedruckten Schrift „München in seiner baulichen Entwicklung“ legte Heilmann seine Grundsätze dar.[40] Er fordert – entgegen den hinderlichen Bestimmungen der Münchner Bauordnung –, „daß Vorgärten von nicht unter 5 m Breite wenigstens auf der einen (Sonnen-) Seite der Straße obligatorisch zu sein haben“ usw. Er forderte nichts weniger als eine bessere Architektur und eine größere Vielfalt der Stile für diese Häuser.[41]

Da Heilmann für solche Grundsätze bei der Stadt München kaum Chancen sah und auch die Gründung einer von ihm vorgeschlagenen „Gemeinnützigen Baugesellschaft“ zur Linderung der Wohnungsnot durch Bauten an der Peripherie mangels Interesse in der Öffentlichkeit mit einer Enttäuschung endete und er keine Aussicht sah, das gemeinnützige Unternehmen zu verwirklichen, entschloss er sich, die Sache in die eigene Hand zu nehmen. Als Bahnbrecherin diente die Familienhäuser-Kolonie Gern: „Nach Ausgestaltung meines Baugeschäftes stellte ich diesem im Jahre 1892 den nördlich des Nymphenburger Kanals [er meint den Waisenhauskanal] gelegenen Grund meines Gutes in Gern zur Anlage einer „Familienhäuser-Kolonie Nymphenburg-Gern" zur Verfügung, in der die in meinen früheren Denkschriften niedergelegten Gedanken ihre Verwirklichung finden sollten".[42] Sein Gut in Gern, den Holzbauer, hatte er 1887 für 51.000 Mark von einem Ehepaar Georg und Anna Singer gekauft.[43]

Was ihm innerhalb der Stadt nicht möglich war, das versuchte er nunmehr auf dem Land, in den Landgemeinden um die Stadt herum, in der Hoffnung, dass dort manches großzügiger gehandhabt würde als in der Stadt. Hauptsächlich in den 90er Jahren erwarb Heilmann umfangreiches Gelände, insgesamt etwa 4.000 Tagwerk Grund „an der Peripherie Münchens

Der „Holzbauer" von der Gerner Straße aus. Ganz links noch ein Stück der Klugstraße. Das Wohnhaus ragte bis etwa zur Straßenmitte in die Klugstraße hinein. Aufnahme 12.2.1908

Der „Holzbauer“ von Ost nach West, rechts die Klugstraße, unten links die Einmündung der heutigen Kratzerstraße. Hinten ganz rechts am Rand ist noch die „Gerner Brauerei“, der ehemalige „Oswaldhof“, zu sehen. Aufnahme 12.2.1908

und schuf darauf als Erster auf diesem Gebiet in München Villenkolonien und Gartenstädte von geradezu vorbildlicher Bedeutung“.[44]

So ließ denn der Gemeindebürger[45] Heilmann noch im Jahr 1892 an der Ostseite der Gerner Straße, an der Prinz-Rupprecht-[heute Böcklin-]Straße und an der Malsenstraße mit den Bauarbeiten beginnen: Erstmals ist am 14. Juli 1892 der Gemeinde-Ausschuss mit dem Siedlungsprojekt beschäftigt, indem er die von Ingenieur Heilmann vorgelegten Pläne genehmigte.[46] Die Bauperiode des Jahres 1893 begann mit der Bebauung an der Klug- und an der Kratzerstraße.[47]

Die neue Siedlung hatte am Ende des Jahres 1893 eine Kanalisation oder Entwässerungsanlage[48], eine Straßenbeleuchtung mit Petroleumlampen[49], gepflasterte Fußgängerüberwege über die Straßen, sogenannte Traversen[50], eine Privatschule[51] und ein Wirtshaus.[52] Im Oktober 1894 kam noch ein Kindergarten hinzu. Ebenfalls 1894 kam eine Weinwirtschaft des Max Riedl in der Gerner Straße 28 hinzu.[53] Offenbar ging sie aber nicht so gut, denn 1897 suchte der Weinwirt Riedl für dieses Haus um die Konzession einer Kaffeeschenke nach, die ebenfalls genehmigt wurde.[54] Am 1. Juli 1898 ist zu hören, dass es auch eine Freiwillige Feuerwehr „Abteilung Gern“ gibt.[55]

Siedlungstyp, Haustyp

Die Parole lautete: „Kleine Häuser mit Garten, möglichst viel Luft und Licht“! Dazu sollte ein erschwinglicher Preis kommen. Schon für 7.500 Mark konnte man in Gern Familienhäuser mit Grund und Boden erwerben. Die Höchstpreise lagen bei 25.000 Mark. Ein günstiges Finanzierungsmodell ergänzte das Unternehmen und schon nach einem Jahr konnte die Firma auf 102 gebaute Häuser verweisen.[56] Die anvisierte Käuferschicht waren der gebildete Mittelstand: Gelehrte, Künstler, Schriftsteller, Beamte, Offiziere im Ruhestand, Verleger, Lehrer, Ingenieure, Kaufleute, Privatiers oder Rentner – das waren Leute, die von der Rendite ihres Vermögens leben konnten –, Pensionisten und wohlhabende Witwen.

„Ich holzte ab, schuf Straßen und machte gärtnerische Anlagen; aber gebaut wurde immer erst, wenn ich einen Kauflustigen gefunden und mit diesem eingehende Beratungen gepflogen hatte. Nicht selten verzichtete ich aber auch auf die eigene Bauausführung und überließ sie anderen Architekten, weil ich dadurch eine größere Abwechslung in das Landhausbild zu bekommen hoffte".[57] Der Stil war ländlich. Es sollten die Vorteile des Einfamilienhauses mit der billigeren Form des Reihenhauses verbunden werden, ohne dabei auf eine abwechslungsreiche Architektur zu verzichten. Obligatorisch waren ein kleiner Vorgarten vor und ein Garten hinter dem Haus. Auch Wasserversorgung und Entwässerung waren eingeschlossen. Die Grundstücksbreite lag zwischen 5½ und 8 Metern. Die Häuser wurden nach Katalog angeboten, konnten aber auf Wunsch variiert werden. Auch Einzelhäuser konnten auf Wunsch zwischen die Reihenhausblöcke gestellt werden. Für die breiteren Straßen war eine Bepflanzung mit Erlen-, Ebereschen- und Ahornbäumen vorgesehen (heute sind es überwiegend Linden), in den schmäleren Straßen Kugelakazien (Kratzerstraße).[58] In anderen, wie der Wilhelm-Düll- und der Magdalenenstraße, verzichtete man auf eine alleemäßige Anlage, sondern überließ die Begrünung den Hausbesitzern in ihren Vorgärten.

Trotz der Reihung der Häuser entstand keine Eintönigkeit. „Es wechseln Atelierhäuser mit ihren originell gestalteten Dachausbauten kontrastreich zu schlichten, traufseitigen Cottageanlagen (Landhaus) oder zu Giebelbauten, die in ihren turm- oder erkerartigen Ausbauten malerische Architekturmotive aufnehmen. Mit einfachen Mitteln, durch Zusammenziehung und Überdachung von Hauseingängen, durch Eingangstreppen, unterschiedliche Dachlösungen, Verwendung von Fachwerk oder Kratzputz ist trotz Reihung der Häuser ein malerischer Formenreichtum entstanden".[59]

Die Siedlung entstand auf Privatgrund von Jakob Heilmann. Er parzellierte die Bauplätze, ließ sie vermessen, legte die Straßen an und sorgte für ihren Ausbau und Unterhalt. Die neuen Straßen waren demzufolge Privatwege, bis sie von der Gemeinde übernommen und damit zu öffentlichen Verkehrsflächen wurden. Üblich war in dieser Zeit, dass die Gemeinde solche Straßen dann übernahm, wenn mindestens zwei Drittel der Straßenlänge mit Häusern bebaut waren. In der Regel hat sich die Gemeinde auch ausbedungen, dass der Bauunterhalt, bis die Straße ganz bebaut war, von der Baufirma vorgenommen wurde. Aus dem ursprünglichen Privatcharakter der Straßen ergibt sich, dass die Baufirma auch für ihre Namen sorgte.[60]

Die Architekten

Ganze Straßenzüge in Gern wurden von anderen Architekten als denen der Firma Heilmann und Littmann gebaut. So baute Paul Friedrich *Böhmer* (1867–1926) u. a. an der Böcklinstraße, Kratzerstraße, an der Malsenstraße, Nederlinger Straße, Nördlichen Auffahrtsallee und Henrik-Ibsen-Straße. Er führte in München etwa 300 Villen aus, später auch in Bogenhausen und Gernlinden. Zuletzt baute er das Evangelische Vereinsheim in Neuhausen. Mit Friedrich Thiersch zusammen arbeitete er auch am Justizpalast.[61]

Gustav Franz *Böttge* (1874–1952) baute die ganze Ostseite der Magdalenenstraße und an der Klugstraße (Südseite, zwischen Magdalenen- und Waisenhausstraße), an der Tizianstraße (Südseite, ab Waisenhausstraße), Böcklinstraße, Hofenfelsstraße und außerhalb Gerns.[62]

Rudolf Josef *Hofmann* (1867–1951) baute die ganze Westseite der Wilhelm-Düll-Straße (außer den beiden Nachkriegshäusern Nr. 13 und 25), aber auch in der Böcklinstraße, Magdalenen- und Malsenstraße. Sein Vater Julius hatte seit 1880 die künstlerische Oberleitung von Schloss Neuschwanstein inne, in dem er Teile der Inneneinrichtung schuf (Thronsaal, Sängersaal, Ausstattung des Wohntrakts mit Mobiliar und Täfelung). 1884 erhielt er auch die oberste Bauleitung in Herrenchiemsee, wo vor allem das Prunkschlafzimmer von ihm ist.[63] Der Sohn Rudolf war auch sozial sehr engagiert. Während des 1. Weltkriegs erhielt er 1916 „die Erlaubnis zur Aufnahme von Privatkranken zwecks chirurgischer Behandlung in dem Vereinslazarett im Anwesen Nr. 29 [heute 22] an der Tizianstraße", betrieb also dort ein privates Lazarett. Von 1903 bis zu seinem Tod wohnte er auch mit Unterbrechungen in diesem Haus, Wand an Wand mit dem ebenfalls von ihm erbauten Haus seiner Mutter Louise (heute Studentenverbindungshaus Tizianstraße 20, Ecke Wilhelm-Düll-Straße).[64]

Josef *Kössler* (Koessler, Kößler) (1859–1943) gründete 1890 in Neuhausen ein Zimmereigeschäft, später Baugeschäft Kössler & Söhne. Er bekleidete zahlreiche öffentliche Ämter als Vorstand der Bayerischen Baugewerks-Berufsgenossenschaft, Vorsitzender des Aufsichtsrates der Münchner Industriebank und Vorstand des Münchner Grund- und Hausbesitzervereins.

Die Malsenstraße zwischen Kratzer- (rechts) und Gerner Straße (hinten), Baugruppe von Heilmann & Littmann. Das Haus mit dem mächtigen Turm gibt es nicht mehr, 8.12.1904

Häusergruppe von Paul Böhmer an der Kratzerstraße Nr. 29 bis 41, Blick aus der Tizianstraße, 19.7.1909

Blick vom Waisenhauskanal über die Nördliche Auffahrtsallee auf die Häusergruppe von Heilmann & Littmann an der Gerner Straße, o. D.

Tizianstraße, Blick aus der Kratzer- in Richtung Waisenhausstraße, Baugruppe von Heilmann & Littmann. Im Hintergrund die Kreuzung mit der Böcklinstraße, um 1910

Die Presse rühmte ihn als eifrigen Förderer der Caritas und Mitglied mehrerer religiöser Organisationen und als Schöpfer bemerkenswerter Bauten, unter anderem der 1934 eingeweihten Pfarrkirche Gräfelfing. Er gehörte jahrzehntelang der Kirchenverwaltung Mariä Himmelfahrt an und wirkte in der öffentlichen Wohlfahrts- und Armenpflege. In Gern baute er den Gebäudekomplex an der Ecke Waisenhaus-/Klugstraße mit der Gaststätte „Kurfürst Maximilian".[65] Anton (Franz Joseph) *Thunig* (1864–1933), mit Andreas *Pabst* (1863–1946) in der Firma Pabst & Thunig (bzw. Thunig & Pabst) verbunden, baute Häuser auf der Ostseite der Wilhelm-Düll-Straße (Nr. 2–10).[66] Die Häusergruppe Klugstraße 10–18, heute 50–58, zu dem auch das ursprüngliche Haus von Thomas Theodor Heine gehörte, wurde 1893 von Heinrich *Krefft* gebaut. Er wurde 1853 in Schwerin geboren, war Maurer, Architekt, Inhaber eines Baugeschäfts und baute vor allem Landhäuser in der Umgebung Münchens, aber auch Verwaltungsgebäude innerhalb der Stadt. Zuletzt lebte er bis 1929 in Solln.[67]

Zu nennen ist auch Sigmund *von Suchodolski* (1875–1935). Seine Eltern wie auch die beiden Großväter waren Maler. Er lebte seit 1884 in München, studierte an der Kunstgewerbeschule und bei Friedrich von Thiersch Architektur und war dann unter Theodor Fischer im Stadtbauamt tätig. Nach vorübergehender Tätigkeit in Berlin, kehrte er 1908 nach München zurück. Seit 1909 war er Inhaber eines Ataliers für Werbekunst (Plakate) bzw. angewandte Kunst. Er besaß seit 1908 in der Böcklinstraße 54 ein Haus. Er gestaltete die Rauhputzfassaden an den Häusern der Malsenstraße in Gern mit.[68]

Der Umgang mit dem Erbe

Soweit die Häuser den Krieg oder die Modeströmungen der Zeit überdauert haben, sehen sie im Wesentlichen heute noch so aus, wie sie die Architekten gebaut haben. Vereinzelt wurde das Straßenbild durch Bomben beeinträchtigt. So manche Fassade in der Siedlung wurde nach dem Krieg vereinfacht.[69] Vor allem Fenster, Fensterläden, Türen und Dachaufbauten hatten unter dem Sparsinn der Besitzer und dem Streben nach Arbeitsvereinfachung zu leiden. Aber auch der Zeitgeschmack der 50er Jahre trug zu mancher Banalisierung oder Stilbereinigung bei.

Nicht alles Böse hat da aber erst die Nachkriegszeit hervorgebracht: Schon Thomas Theodor Heine, der Simplizissimus-Karikaturist, erwarb 1901 ein ab April 1893 von Heinrich Krefft erbautes Haus an der Klugstraße 18 (heute 58), Ecke Böcklinstraße. Noch am 20. September

1906 ließ er sich mit Ehefrau und Tochter im idyllischen Vorgarten fotographieren. Bereits vier Wochen später, am 24. Oktober 1906, ließ er durch Paul Böhmer einen Plan zum Umbau des Anwesens bzw. „Um- und Anbau“ einreichen. Der Plan bedeutete letztlich einen Neubau und leitete die weitgehende Zerstörung des Ensembles Nr. 10–18 (heute 50–58) ein, indem er vor das bisherige Haus im englischen Cottage-Stil ein Haus in neoklassizistischem Stil setzen ließ, ungeachtet der Tatsache, dass die Häusergruppe aufeinander abgestimmt war und das andere Reiheneckhaus (Nr. 10, heute 50, kurz vor der Kratzerstraße), seitenverkehrt das Heine-Haus mit dem vortretenden kleineren Giebel zur Böcklinstraße mit der Ziegelstein-Umrahmung wiederholte. Die Konzeption wurde entweder nicht verstanden oder ignoriert. Die bisherigen Außenmauern der Giebelfront zur Böcklinstraße wurden jetzt zu Innenmauern, das Haus doppelt so groß, das große Atelierfenster des Vorbesitzers zu einem dreiteiligen Fensterchen gestutzt, der Vorgarten verkümmerte zu einem Rest.

Das neue Haus ließ Heine 1909 und danach noch mehrmals ebenfalls fotographieren. Am 6. August 1907 wurde vom Bezirksamt die Wohnbewilligung erteilt. Erst jetzt verließ Heine seine bisherige Wohnung in der Theresienstraße 148 und bezog das Haus in Gern. Der Vorgängerbau stand offensichtlich zeitweise leer, teils war er vermietet. Aber auch dieses Haus hat längst wieder das Zeitliche gesegnet. Der am 13. Dezember 1968 eingereichte Antrag auf Abbruch des Hauses wurde bereits am 9. Januar 1969 genehmigt. Es folgte der jetzige Bau an seiner Stelle.[70]

Mancherorts wies also die Kolonie noch erhebliche Baulücken auf, da begann am anderen Ende schon die Demontage. Und einer der profiliertesten Architekten ganzer Häuserzeilen in den Nachbarstraßen (Böcklin-, Kratzerstraße) reichte dazu willig seine Hand. Bauherren und Baumeistern war unsere Pietät diesen Bauten gegenüber fremd. Für sie waren es keine unantastbaren Denkmäler, sondern Gebrauchsgegenstände, die ungeniert den Bedürfnissen angepasst wurden.

Auch heute wandelt sich das Bild Gerns ständig. Viele Hausbesitzer bemühen sich, den ursprünglichen Zustand nicht nur zu erhalten (was sie infolge des Denkmalschutzes ohnehin müssen), sondern ihn auch wieder herzustellen, zumindest dem alten Zustand anzunähern. Nicht alle haben dabei immer eine glückliche Hand und es lässt sich über manches diskutieren. Und manches verfällt unglaublicherweise vor den Augen ohnmächtiger Nachbarn.

Klugstraße, zwischen Böcklin- und Kratzerstraße, im Vordergrund Nr. 18, heute 58, Baugruppe von Heinrich Krefft, vor dem Umbau durch Th. Th. Heine. Aufnahme 24.9.1906

Derselbe Blick, nach dem Um- und Anbau von 1906/07 durch Paul Böhmer im Auftrag von Th. Th. Heine.
Aufnahme 1913

Wohnhaus von Julius Adam in der Böcklinstraße 25, um 1970

Atelier von Julius Adam, dem „Katzenadam“, um 1900. Bildarchiv Foto Marburg

Die Künstlerkolonie

Die Siedlung Gern war von Anfang an wesentlich geprägt von dort ansässigen Künstlern, vor allem Kunstmalern und Bildhauern. An die 50 Häuser waren mit Dachausbauten für Ateliers ausgestattet, mit großen Fenstern nach Norden, um den ganzen Tag über einheitliche Lichtverhältnisse zu gewährleisten. Im Jahr 1900 nennt das Stadtadressbuch in der Kolonie Gern nicht weniger als 21 Kunstmaler als Hauseigentümer (und weitere 4, die zur Miete wohnen), dazu 4 Bildhauer (und 2 zur Miete wohnende).

Zu den bekannteren von ihnen gehörten der „Katzenmaler“ Julius Adam (1852–1913) mit seinem Haus Böcklinstraße 25 (Gedenktafel am Haus), Ernst Liebermann (1869–1960) in der Malsenstraße 55, der Radierer Peter von Halm (1854–1923) in der Malsenstraße 66/68 (Haus durch Neubau ersetzt), Philipp Röth (1841–1921) in der Böcklinstraße 29/Ecke Tizian-

Malsenstraße, Ecke Henrik-Ibsen-Straße. Das mittlere Haus mit dem großen Fenster im Dachgeschoss ist Nr. 55, das Wohnhaus von Ernst Liebermann. Aufnahme um 1907

Atelier von Ernst Liebermann, o. J. Bildarchiv Foto Marburg

straße (Haus durch Neubau ersetzt), Wilhelm Jakob Hertling (1849–1926) in der Tizianstraße 6b (heute 85), Hans Hammer (1878–1917) in der Wilhelm-Düll-Str. 17, Hans Treiber (1869–1968) in der Wilhem-Düll-Str. 9, von (1901) 1907–1919 Thomas Theodor Heine (1867–1948) in der Klugstraße 18 (heute 58), Ecke Böcklinstraße (Haus durch Neubau ersetzt).[71]

Mehrere von ihnen ließen sich selbstbewusst in ihrem Atelier fotographieren. Ernst Liebermann sitzt da, mit übergeschlagenen Beinen, im schwarzen Anzug und Krawatte, mit frisch gewichsten Stiefeletten, dekorativ in einem Journal lesend, vor einem prunkvollen altdeutschen Kleiderschrank, einen „Perser“teppich zu Füßen. Nichts in dem Raum deutet darauf, dass hier gemalt, dass hier „gearbeitet“ wird: Keine Farbpalette, kein Pinsel, von dem ein Farbtropfen auf den Teppich fallen könnte. Das ganze Bild ist pure Repräsentation, vom Fotographen inszeniert. Der Mann könnte genausogut irgendein Geschäftsmann sein,

Wohnhaus von Hans Hammer, Wilhelm-Düll-Str. 17 (weißes Haus rechts), Aufnahme nach umfangreicher Renovierung, Herbst 2009

Atelier von Hans Hammer, um 1900. Auf der Staffelei links ein Portrait des Kunsthistorikers Dr. Ekkhart, darunter eine verkleinerte Kopie nach Arnold Böcklins Bild „Ritt auf den Wellen". Rechts Hammers Bild „Blick ins Unendliche". Bildarchiv Foto Marburg

ein Arzt, Politiker oder höherer Beamter. Hans Hammer sitzt in seinem Atelier auf dem Sofa, eine Zigarette rauchend, ebenfalls im schwarzen Anzug, mit polierten Stiefeletten, den Kopf in die linke Hand geschmiegt, zu Füßen der übliche „Perser"teppich. Nichts, außer zwei Bildern auf der Staffelei, weisen daraufhin, dass in diesem Haus jemand malt. Und der Bildhauer Rudolf Maison (1854–1904) ließ sich im Sonntagsstaat in seinem Atelier an der Tizianstraße in einem wohlaufgeräumten Atelier zwischen mehreren seiner Werke fotographieren. Auch hier fehlt der Teppich nicht, auch hier deutet nichts darauf, dass in diesem Raum gearbeitet wird.

Bei keinem dieser Atelierfotos – man könnte sie beträchtlich vermehren[72] – kam es darauf an, den „man at work" zu zeigen, den Arbeitsalltag eines Künstlers. Hier zeigte man nicht, wie man arbeitet, sondern, wer man war. Das Atelier ist Kulisse. Es zeigt den erfolgreichen, gutsituierten Mann inmitten seines Erfolges und seines Wohlstandes. Maison sitzt auf dem Sockel eines seiner bedeutendsten Werke, des Reiterstandbildes von Kaiser Friedrich,

das er im Auftrag Kaiserin Viktorias anfertigte. Das Atelier ist auch Ausstellungsraum und dient der Präsentation eigener Werke. Aber nicht nur: Hans Hammer hat sich für das Foto mit Kopien von Werken anderer Kollegen umgeben, so Arnold Böcklins. Es ist der Bürger, der es zu etwas gebracht hat und der es gerne herzeigt. In diesen Räumen wurde repräsentiert. Hier wurden Gäste und mögliche Kunden empfangen. Alle, auch die weniger hochklassigen Maler dieser Zeit, fühlten sich als kleine Malerfürsten.[73]

Manche Künstler hatten denn auch zum Arbeiten eine Werkstatt außerhalb des Hauses. Der zeitweise in Gern wohnende Bildhauer Ludwig Weise hatte sein Atelier in der Wittelsbacherstraße 16, nicht in der Tizianstraße 53, wo er zwar seit 1898/99 (bis 12. Februar 1910) das Haus besaß, es aber lediglich bis zum Mai 1901 auch bewohnte. Thomas Theodor Heine hatte bis zu seinem Wegzug aus Gern an den Ammersee 1919/20 sein Atelier in der Theresienstraße 148, trotz des schönen großen Atelierfensters nach Norden (zur Klugstraße hin), das er vor seinem Einzug in das Haus eigens beseitigen ließ. Der Kunstmaler und Professor

Wohnhaus Rudolf Maison in der Tizianstraße 37, heute 16, mit angebauter Werkstatt jüngerer Zeit. Aufnahme Herbst 2009

Rudolf Maison in seinem Atelier, unter seinem Reiterstandbild Kaiser Friedrichs sitzend, 1903. Bildarchiv Foto Marburg

Gabriel Schachinger (1850–1912) wohnte in der Malsenstraße 47, sein Atelier hatte er aber in der Schillerstraße 26.

Auch in Gern wurde zudem nicht hinter jedem Atelierfenster gezeichnet und gemalt (z. B. Wilhelm-Düll-Str. 10). Manches der Ateliers hat nie einen Künstler gesehen. Und manche Künstler brauchten kein Nordlicht, wie Hans Hammer in seinem Reihenhaus in der Wilhelm-Düll-Straße, das gar keine Nordseite hat. Das war von den Erbauern idealistisch gedacht, aber häufig an den Bedürfnissen vorbei geplant.

Bevölkerungsstruktur

Zur gehobenen bürgerlichen Hausbesitzerschicht in Gern zählten aber 1900 auch 7 Architekten, 7 Lehrer und Lehrerinnen, 5 Ingenieure, 4 pensionierte Offiziere, 3 Verleger, desgleichen 8 offensichtlich wohlhabende männliche und weibliche „Privatieren", Leute, die von ihrem Vermögen leben konnten. Ärzte und Apotheker sind dagegen nur mit jeweils einem Hauseigentümer vertreten, immerhin aber auch ein Schriftsteller. Rechtsanwälte fehlen unter den selbständigen Berufen gänzlich.

Lena Christ 1881–1920.
Aufnahme um 1914

Davon abgesehen war aber die Gruppe der Hausbesitzer berufs- und standesmäßig durchaus gemischt. Es gab 1900 in Gern als Eigentümer von Häusern auch Kaufleute, einen Küchenmeister, Backofensetzer, Bäckermeister, Gastwirte (alle Gerner Straße), Vergolder, Techniker, Eisenbahnexpeditor, Kaufmann (alle Tizianstraße), Eisenbahnexpeditor, Kaufmann, Postspezialkassier, Werkmeister a. D., Bankkassier, Oberlithograph (alle Böcklinstraße), Spänglermeister, Kaufleute, Schuhmachermeisterswitwe, Eisenbahnadjunkt, Schriftsteller, Bezirksamtsassessor, Landtagsarchiv-Sekretär (alle Kratzerstraße) und Katasterfunktionär, Schriftsetzer, Kaufmann, Lokomotivführer (alle Malsenstraße).

Ebenfalls im Jahr 1900 hat in der Malsenstraße 50 der ehemalige (1.1.1875 bis 1.4.1894) Münchner Stadtschulrat Dr. Wilhelm Rohmeder sein Haus[74] und mit Nr. 70 seit Oktober 1893 der Privatier und Landtagsabgeordnete Johann Keller (1824–1910).[75] An der Nördlichen Auffahrtsallee Nr. 101 (heute 22, Ecke Henrik-Ibsen-Straße) wohnte von 1916–1923 der Reichstagsabgeordnete und zeitweilige Reichsschatzminister Dr. Wilhelm Mayer. Der städt. Baurat und Baudirektor Karl Hörburger (1871–1956) hatte seit 1911 sein Haus an der Wilhelm-Düll-Straße 1.

Otto Julius Bierbaum 1865–1910. Aufnahme o. D.

Auch wohlhabende Leute wohnten in dieser Zeit in für uns kaum vorstellbaren beengten Verhältnissen. Es gab in den als Einfamilienhäuser gedachten Häusern überraschend viele zur Miete wohnende Personen, oft Frauen und auch Männer wohl zumeist alleinstehend und sehr gemischter Standeszugehörigkeit, etwa in der Gerner Straße im Jahr 1900: 2 Architekten, 2 Ingenieure, 2 Metzgermeister, je eine Professorsgattin, eine Professorswitwe und Freifrau, eine Rentmeisterstochter, eine Handarbeitslehrerin, eine Postbürodienerswitwe, eine Hoffriseurswitwe, eine Bauamtmannswitwe, je einen Oberwachtmeister, Fabriksvertreter, Apothekergehilfe, Schmied, Schuhmacher, einen Oberstleutnant a. D., Installateur, Schriftsteller, Herrschaftskutscher, Privatier, Milchgeschäftsinhaber, Restaurateur. Oder Beispiel Böcklinstraße 1900: Privatierswitwe, Photographenwitwe, Handarbeitslehrerin, Kindergärtnerin, Werkmeisterswitwe, zwei Privatieren, eine Oberkondukteurswitwe, und bei den Männern: je ein Bahnadjunkt, Eisenbahnexpeditor, Bautechniker, Hauptmann a. D., Bibliotheksdirektor, Kunstmaler, Bildhauer, Zeichner. Die wenigsten Mieter weist die Malsenstraße auf: lediglich einen Schreinermeister, eine Apothekersgattin und einen pensionierten Lehrer in 15 bewohnten Häusern.

Gar so einheitlich wie gelegentlich angenommen war also die Bevölkerungsstruktur der Kolonie nicht. Die feststellbaren Mieter erwecken auch nicht den Eindruck, als habe es sich hierbei um Hausmädchen oder anderes Dienstpersonal der Besitzer gehandelt. Sie wohnten

auch ausnahmslos im Erdgeschoss oder 1. Stock. Soweit Dienstpersonal vorhanden war, das im Dachgeschoss oder im Keller (Souterrain) wohnte, erscheint es in den Adressbüchern gar nicht, da es als Pertinenz (Zubehör) des Arbeitgebers galt.
Zu den bekanntesten Nicht-Hausbesitzern gehörten sicher die Schriftstellerin Lena Christ, die mit ihrem Ehemann Peter Jerusalem vom 1. September 1912 bis zum 3. April 1914 im Haus von Rudolf Hofmann im 2. Stock der Wilhelm-Düll-Straße. 5 wohnte, vom 15. November 1919 bis zum 8. März 1920 in der Tizianstraße 35 (heute 18).[76] Desgleichen Otto Julius Bierbaum (1865–1910), Lyriker und Erzähler, Mitbegründer des Insel-Verlages. Er wohnte 1899–1901 in der Gerner Straße 4.

Am 1. Dezember 1910 bestand laut Volkszählung die Siedlung (einschließlich Dante- und Nederlinger Straße) bereits aus 265 Häusern, von denen 245 bewohnt waren (die anderen waren noch im Bau), und aus 1704 Einwohnern.

Kirchenverhältnisse und Religion

In kirchlicher Hinsicht war Gern immer mit Kemnathen (Nymphenburg) verbunden und teilte dessen Schicksal. Die Magdalenenkapelle gehörte 1315 zur Pfarrei Thalkirchen (mit Pfarrsitz in Mittersendling), zu der damals auch Solln, Pullach, Neuhausen, Schwabing, Ober- und Mittersendling als Filialen gehörten, das ganze Umland um die Stadt westlich der Isar also. Grundherrlich gehörte Kemnathen selbst – wie der Oswald in Gern (spätere Brauerei) – zum Augustinerstift Beuerberg. Nach 1803[77] wurde die Pfarrei geteilt und Nymphenburg, Gern und Neuhausen wurden von Sendling getrennt. Der Pfarrsitz der Pfarrei Thalkirchen wurde nach Untersendling (St. Margareth) verlegt, das weiterhin die zuständige Pfarrei für Nymphenburg und Gern war. Die Seelsorge wurde hier allerdings vom Hofkuraten wahrgenommen.[78] Am Religions-, Beicht- und Kommunionsunterricht beteiligten sich seit der Einrichtung des Mädchen-Bildungs-Instituts der Englischen Fräulein 1835 auch dessen geistliche Inspektoren und Kapläne. Für den Unterhalt der Kirche kam der Hof auf. Mit Ämtern, Messen, Predigten, Christenlehre, Rosenkränzen war die Gemeinde wohl versorgt. Lediglich die Beerdigungen fanden in Neuhausen statt, bis 1869/72 Nymphenburg einen eigenen Friedhof bekam. Praktisch hat sich auf diese Weise Nymphenburg seit ca. 1874 von der Mutterpfarrei Sendling-Thalkirchen gelöst.[79] Endgültig vollzogen wurde die Loslösung erst 1922 mit

Schule und evangelische Christuskirche am Dom-Pedro-Platz, Postkarte o. D. (um 1905)

der Errichtung einer selbständigen Pfarrei Nymphenburg mit St. Magdalena als Pfarrkirche. Diese wurde schließlich 1930 von der Christkönigskirche an der Notburgastraße abgelöst.[80]

Gern selbst erhielt erst nach dem 2. Weltkrieg eine eigene katholische Pfarrkirche mit der 1955 errichteten St. Laurentius-Kirche mit Pfarrzentrum in der Nürnberger Straße, zunächst 1954 als Kuratie errichtet, 1958 zur Pfarrei erhoben.[81]

An Protestanten wohnten 1815 zumindest in Nederling zwei, in Moosach sind 1816 welche belegt, in Nymphenburg im Jahr 1820.[82] Als am 23. Dezember 1900 am Dom-Pedro-Platz die Christuskirche eingeweiht wurde, erbaut von der Firma Heilmann & Littmann, mit Pfarrhaus an der Dom-Pedro-Straße, lebten im Stadtbezirk 23 (Nymphenburg mit Laim) 11,9 % Protestanten. 1911 wurde an der Christuskirche eine selbständige Pfarrei errichtet, die sechste evangelische Pfarrei Münchens.[83]

Die Siebenten-Tage-Adventisten ließen sich 1923 in der Tizianstraße 18 nieder.

Schulverhältnisse

Die allgemeine Schulpflicht wurde in Bayern 1771 eingeführt, kam aber richtig zum Tragen erst im 19. Jahrhundert. Damit war die Gewährleistungspflicht des Staates für schulischen Unterricht gegeben, zunächst bis zum 12. Lebensjahr. Zunächst gab es für Nymphenburg (mit Gern) und Neuhausen ab 1805/06 eine Knabenschule am südlichen Schlossrondell und eine für Mädchen an der südlichen Auffahrtsallee. Hier entstanden 1819 und 1898 auch Erweiterungsbauten. 1866 bekam Neuhausen eine eigene Schule in der Volkartstraße und die erstgenannten Schulen dienten jetzt nur noch für die Schüler von Nymphenburg und Gern.[84] Die ganze Gemeinde Nymphenburg hatte im April 1898 361 Schüler in der Werktagsschule, dazu 60 in der Feiertags- und 32 in der Fortbildungsschule.[85] Seit der Eingemeindung und dem Bau der Schule am Dom-Pedro-Platz im Jahr 1900 besuchen die Gerner Schüler vorwiegend diese Schule und das Nymphenburger Gymnasium an der Sadelerstraße 10, eine staatlich anerkannte Privatschule. Deren Gebäude wurden 1966/67 errichtet.

Die Eingemeindung von Nymphenburg

Verwaltungsmäßig gehörte Gern, ebenso wie Ober- und Unterkemnaten, Nederling und Laim, ursprünglich zur Obmannschaft Neuhausen, Unteramt Feldmoching. So ist es für 1590 belegt. Die ganze Obmannschaft hatte 259 Untertanen.[86] Erst bei der Gemeindebildung von 1818 wurde Gern mit Nymphenburg (dem alten Kemathen) zu einer eigenen Rural-, also Landgemeinde, im neugebildeten Landgericht München vereinigt, während Nederling zu Moosach kam.

Schon 1824 kam eine Münchner Magistrats-Kommission in einem „Gutachten, die Erweiterung des Burgfriedens" betreffend[87], zu dem Schluss, „daß deme hiesigen Burgfrieden die Distrikte Sendling, Nymphenburg, Schwabing, Bogenhausen, Haidhausen, Berg am Laim und Giesing, dann die Orthschaften Hesellohe, Laim, Oberföhring, Ramersdorf und Harlaching mit ihren Fluren einverleibt werden sollen". Die Stadtplaner in den Baubüros, auch in demjenigen von Jakob Heilmann, hatten schon Ende der 80er Jahre Ringstraßenlinien bis über Moosach hinaus in ihre Karten eingezeichnet.

Der Wunsch nach Eingemeindung ging im 19. Jahrhundert immer von den Gemeinden aus, nie von der Stadt. Als im Westen der Stadt bekannt wurde, dass die Eingemeindung Neuhausens bevorstehe, versuchte sich Nymphenburg sofort anzuhängen und stellte 1884 einen ersten Antrag, zusammen mit Neuhausen ebenfalls eingemeindet zu werden. Obwohl sich die Gemeinde wärmstens anpries, zogen sich die Verhandlungen hin. Neuhausen war schon lange bei München (ab 1. Januar 1890), während die Verhandlungen mit Nymphenburg immer noch liefen. Schließlich ließ Nymphenburg selbst die Verhandlungen platzen, indem es am 10. November 1891 sieben Bedingungen für die Eingemeindung stellte, die für die Stadt unannehmbar waren, weil sie „sehr erhebliche Opfer verursacht und zu einer bevorzugten Sonderstellung der einzuverleibenden Gemeinde geführt" hätten.[88] Der Stadtmagistrat erklärte daraufhin die Einverleibungsverhandlungen für gescheitert.

In der Folgezeit trieb nun die Stadt ungewollt selbst die Verhältnisse voran: Sie erwarb umfangreichen Grundbesitz in der Gemeinde Nymphenburg selbst und auf Gebiet der benachbarten Gemeinden Moosach und Neuhausen, unmittelbar an der Grenze zu Nymphenburg: Sie kaufte im Jahr 1894 unmittelbar östlich und nördlich des Kessels eine Fläche von etwa 29 Tagwerk: Hier entstanden das neue Waisenhaus, das Schulhaus am Dom-Pedro-Platz und die protestantische Christuskirche. Sie kaufte im Januar 1897 östlich der Dachauer Straße eine Fläche von etwa 18 Tagwerk, zunächst als Lagerplatz für die Hausunratabfuhr, der aber ab 1903 für den Bau des städtischen Gaswerks verwendet wurde. Ebenfalls 1897 erwarb die Stadt auch noch nördlich des Kanals bei Gern eine Fläche von etwa 90 Tagwerk, die eventuell einmal ein städtisches Freibad aufnehmen sollten. Hier entstand später das Dantebad[89], 1927/28 zum Familienbad erweitert, mit einem Schwimmstadion, einem Sport- und einem Sprungbecken, Zehnmeterturm und Zuschauertribüne. 1926/28 kam ein Sportstadion, das Dantestadion, hinzu, damals das größte in München.

Vor allem ausschlaggebend wurde schließlich der schon 1893 erfolgte Kauf von 70 Tagwerk Grund, von denen ein Teil in der Gemeinde Nymphenburg, der andere in der Gemeinde Moosach lag. Hier entstand der neue Westfriedhof.

Die Planungen für alle diese Bauanlagen begannen schon lange vor der Eingemeindung.[90] Im August 1896 waren die Baupläne für das Waisenhaus am Nymphenburger Kessel von Hans Grässel bereits genehmigt. Am 7. Oktober 1899 begann nach einer einfachen Hausfeier der Umzug vom bisherigen Heim in die Waisenhausstraße.

Von 1897 gibt es einen Plan „eines Schulhauses beim Waisenhaus" von Hans Grässel, im März 1897 war schon die Lage des Schulhauses am Dom-Pedro-Platz festgelegt. Am 25.

September 1899 konnte der Unterricht in 20 Schulsälen der Schule aufgenommen werden.[91]

Am 7. Februar 1899 – fünf Wochen nach der Eingemeindung Nymphenburgs – lagen auch die Pläne „für die neue protestantische Kirche in Neuhausen“ schon vor, am Sonntag 23. Dezember 1900 war die Einweihung und Schlüsselübergabe durch den Architekten Max Littmann. Auch hier lag die Bauausführung bei der Firma Heilmann & Littmann.[92]
All diese Bauten lagen jedoch noch auf dem Terrain der ehemaligen Gemeinde Neuhausen; die Grenze der beiden Gemeinden verlief von der Ecke des Kessels an der Nördlichen Auffahrtsallee aus schräg über die heutige St.-Galler-Straße schnurgerade in die Braganzastraße hinein und in der Richtung dieser Straße immer geradeaus bis zur Dachauer Straße. Die Haupt- und Residenzstadt plante und baute zentrale Einrichtungen unmittelbar an der Stadtgrenze und doch wohl schon mit Blick auf ein Einzugsgebiet, vor allem für Schule und Kirche, auch von jenseits der Stadtgrenze, also aus der Gemeinde Nymphenburg; denn woher sollten sonst die Kinder für eine Schule mit 26 Sälen zu je 60 Kindern kommen, also einem Fassungsvermögen von 1.560 Schülern? Richtung Norden herrschte noch gähnende Leere bis nach Moosach, im Osten bis zur Dachauer Straße/Leonrodplatz. Die Frundsbergstraße vom Dom-Pedro-Platz bis zur Volkartstraße, ebenso die Ruffinistraße gab es noch gar nicht. Selbst an der Nymphenburger Straße reichten die Häuser Neuhausens erst bis an die Volkartstraße heran. Im Übrigen hatte Neuhausen an der Schulstraße seine eigene Schule, wo erst am 2. Februar 1895 ein Erweiterungsbau (von Hans Grässel) eröffnet worden war.[93]

Das kleine Gern hatte am 17. Juni 1895 genau 256 Einwohner in der Familienhäuser-Kolonie (109 männliche und 147 weibliche), dazu weitere 90 in Alt-Gern und 71 in der Kesselstraße (Waisenhausstraße), also insgesamt 417 Einwohner.[94] Und wo wohnten die Gläubigen für die protestantische Kirche? Die ganze Gemeinde Nymphenburg hatte nach der „Berufs- und Gewerbezählung“ vom 21. Juni 1895 nur 545 protestantische Einwohner.[95] Da wurde also gewaltig auf Zuwachs spekuliert!

Trotzdem war die Eingemeindung bei der Stadt umstritten. Manche Stadträte scheuten die auf die Stadt zukommenden Kosten und waren der Meinung, nur wegen des Gebietszuwachses sei die Eingemeindung nicht nötig. Die Stadt habe genug Terrain, um sich ausbreiten zu können. Als reiche Gemeinde konnte man Nymphenburg auch nicht bezeichnen. Im

Der Westfriedhof aus der Vogelschau um 1905

April 1898, als die Verhandlungen über die Eingemeindung erneut aufgenommen wurden, hatte die Gemeinde 254.000 Mark Schulden. Die Stadt rechnete mit einer zu übernehmenden Schuldenlast von ca. 300.000 Mark, die sich aber mit dem Vermögen, bestehend vor allem in Grundstücken, die Waage halten dürften. Von der Gemeinde wurden sie mit etwa 510.000 Mark angegeben, die man bei der Stadt für „wohl etwas überschätzt" hielt. Das Steuersoll wurde von der Gemeinde für 1898 „vorsichtiger Weise" mit etwa 17.000 Mark angegeben. Das Jahr 1897 schloss aber mit einem kleinen Aktivrest von 8.797 Mark ab. Für das Jahr nach der Eingemeindung erwartete man aber einen Passivrest von 3.797 Mark.[96]

Schließlich war es aber dann doch die Stadt, die unbewusst und unbedacht den Grundstein zur Eingemeindung legte. Äußerer Anstoß wurde der Westfriedhof, eine Spätfolge der Eingemeindung Neuhausens. Durch sie war am 1. Januar 1890 die Stadt um fast 12.000 Einwohner gewachsen.[97] Der Friedhof von Neuhausen hinter der Winthir-Kirche war viel zu klein und nicht mehr ausbaufähig. Also begann gleich nach der Eingemeindung Neuhausens die Suche nach einem Platz im Nordwesten für die Anlage eines großen Friedhofs.[98] Nach mehreren wieder verworfenen Projekten verlegte man schließlich den Friedhof an den heutigen Platz, wo die Stadt 1893 schon 37 Tagwerk Grund aus einem Nederlinger Anwesen in der Gemeinde Moosach gekauft hatte. Der Friedhof war bereits im September 1898 so weit fertig, dass am 16. September die ersten beiden Beerdigungen stattfinden konnten.

Zu diesem Friedhof brauchte man natürlich eine Zufahrt von der Stadt aus und man projektierte eine Straße von der Nymphenburger Straße aus durch die damals noch „Kesselstraße" genannte Waisenhausstraße bis vor das Friedhofsportal. Das schuf ein schwerwiegendes Problem. Man musste mit der Zufahrtsstraße von Neuhausen aus die gesamte Breite der Gemeinde Nymphenburg vom Kessel am künftigen Waisenhaus bis zum Friedhof mit einem 28 Meter breiten Korridor in zwei Teile zerlegen.[99] Die Gemeinde war nach längerem Hin und Her tatsächlich bereit, die Straße auszugemeinden, doch machte nun im Oktober 1896 die Regierungsfinanzkammer einen Strich durch diese Rechnung, weil das Grundsteuergesetz im § 62 vorschrieb, dass Ortsteile, die eine Gemeinde bilden, auch einen „körperlichen Zusammenhang" haben mussten. Durch den genannten Korridor (heute Waisenhaus-/Dantestraße) wäre „zwar der körperliche Zusammenhang des Friedhofareals mit dem Weichbilde der Stadt

München geschaffen, gleichzeitig aber Nymphenburg in zwei Theile zerschnitten“ worden, sodass nunmehr „für diese Gemeinde also der gesetzlich unzulässige Zustand gebildet würde, der für München beseitigt werden soll“. Also stand dieser Konstruktion ein Gesetz im Wege und jetzt blieb tatsächlich nichts anderes mehr übrig, als das Problem so zu lösen, wie es die Gemeinde am 23. Oktober 1897 vorschlug, nämlich die 1891 gescheiterten Eingemeindungsverhandlungen wieder aufzunehmen.

So beschloss der Gemeinde-Ausschuss von Nymphenburg am 22. Oktober 1897 erneut und einstimmig, die Eingemeindung zu beantragen, im April 1898 zog der Münchner Magistrat mit 26 gegen 8 Stimmen nach und legte den Termin auf den 1. Januar 1899 fest. Damit wurde München um 2.044 Tagwerk Fläche und um 4.000 Einwohner größer, jedoch nicht an Vermögen, weil „Vermögen und Schulden sich die Waage halten dürften“. Die bisherige Gemeinde Nymphenburg wurde ab 1. Januar provisorisch dem 21. Stadtbezirk „Neuhausen“ als 8. Distrikt zugeteilt.[100]

Das Erbe der Stadt

Die Stadt hatte damit von der bisherigen Gemeinde einige Probleme geerbt: Das Protokoll der Gemeinde-Ausschuss-Sitzung vom 21. Dezember 1894 nannte schon als die vier wichtigsten den Schulhausbau, die Wasserleitung, die Elektrifizierung der Straßenbeleuchtung und den Bau von Kanalbrücken.[101] Oder am 13. Mai 1897: „Noch fehlt der Gemeinde Nymphenburg eine entsprechende Straßenbeleuchtung, Wasserleitung, Kanalisation etc.“

Mit dem Schulhausbau plagte sich die Gemeinde seit 1885 herum, um die Ausdehnung der Wasserleitung von München nach Nymphenburg bemühte sie sich seit 1892 – die Stadt ließ sie an den zu hohen Kosten scheitern; eine Straßenbeleuchtung mit petroleumbetriebenen Laternen hatte die Gemeinde seit 1883. Eine Umstellung auf elektrische Beleuchtung zerschlug sich 1889 ebenfalls wegen der hohen Kosten. 1893 wurden erneut Verhandlungen wegen der Elektrifizierung der ganzen Gemeinde aufgenommen. Diesmal sollte der Ingenieur Heilmann Kostenvoranschläge erstellen. Die letzte Kostenberechnung durch das zuständige städtische Referat stammte vom 3. Mai 1897. Sie wurde bei der Gemeinde auf Wiedervorlage gelegt, diese immer wieder – insgesamt achtmal – verlängert, zuletzt sinnigerweise auf den 1. Januar 1899, den Tag der Eingemeindung.

Die Schulhäuser (für Knaben und Mädchen) in Nymphenburg und die Brücken über den Kanal hat die Gemeinde noch selbst bauen müssen[102]. Die Ausdehnung des Wasserrohrnetzes in Gern beschloss das Münchner Kollegium der Gemeindebevollmächtigten schon am 4. Mai 1899, die Ausdehnung der städtischen Wasserleitung auf die Kessel-, spätere Waisenhausstraße, beschloss der Magistrat am 12. November 1901.

Eine Straßenbahn fuhr erstmals am 8. November 1900 vom Grünwaldpark durch die Waisenhausstraße zum Westfriedhof. Es war eine Zubringerlinie. Das heißt, wer in die Stadt wollte, musste am Grünwaldpark umsteigen.

Andere Wunder der Haupt- und Residenzstadt dauerten etwas länger: Erstmals am 16. Oktober 1906 beschloss der Magistrat die Verlegung von Stromkabeln in der Gerner, Nederlinger, Malsenstraße und Nördlichen Auffahrtsallee, erst 1912 folgte die Tizianstraße bis zur Kratzerstraße.

Pläne für eine Kanalisation der Klug- und Nederlinger Straße, vom Hauptkanal Waisenhausstraße aus, lagen erst am 3. Dezember 1912 vor. Bis dahin war die Villenkolonie Gern immer noch mit der Entwässerungsanlage entwässert, die Heilmann & Littmann gebaut hatten, die aber mit der städtischen Entwässerungsanlage nicht verbunden werden konnte; „auch in absehbarer Zeit nicht“, war am 23. April 1901 vom Marienplatz zu hören.

Nymphenburg und seine Bewohner haben massiv auf diese Eingemeindung hingearbeitet und sie jahrelang herbeigeredet. Aber auch bei der Stadt war man sich darüber im Klaren, dass sie über kurz oder lang erfolgen musste: Schon lange vor der Eingemeindung ging in der Gemeinde Nymphenburg nichts mehr ohne die Stadt: Bequemen Verkehrsanschluss in die Stadt (Trambahn), Wasser-, Gas-, Elektroanschluss und Anschluss an die Kanalisation, all dies ging nur und nur zu einigermaßen vertretbaren Kosten, indem man sich an die schon bestehenden städtischen Einrichtungen anschloss. Dadurch wurde auch organisatorisch und verwaltungstechnisch die Abhängigkeit von der Stadt immer größer.

Zudem hatte man auch bei der Stadt längst bemerkt, dass sich Nymphenburg nicht „bäuerlich, sondern städtisch“ entwickelte. Dazu trug „das Streben vieler besser situierter Einwohner Münchens bei, ihre Wohnung nicht im Innern der Stadt, sondern außen zu nehmen, wo städtischer Komfort, städtische Verkehrsmittel und die Vorteile einer landschaftlichen Bauweise vereinigt sich bieten; so sucht eine Reihe steuerkräftiger Münchner mehr und mehr das jetzige Nymphenburger Gebiet auf, wie besonders die Entwicklung der Villenkolonie Gern beweist“. Man spekuliert dort auf den elektrischen Betrieb der Straßenbahn, den Einheitstarif, eine Gasbeleuchtung, Zuleitung von städtischem Wasser, Ausdehnung der Kanalisation usw.

Bei der Stadt sah man aber auch, dass durch die Ansiedlung solcher Einrichtungen wie Waisenhaus, Schulhaus, protestantische Kirche, Durchführung einer Zufahrtsstraße zum Friedhof, Errichtung eines Freibades sich der Wohlstand entwickeln würde und dass dieser im Fall einer Nicht-Eingemeindung der Gemeinde Nymphenburg und nicht der Gemeinde München zufließen würde![103]

Ganz ohne Schielen nach dem Vorteil, ganz ohne einen guten Schuss Profitgier ging so eine Eingemeindung auf beiden Seiten nicht ab. Am unverhohlensten zeigten das die Nachbarn in der Gemeinde Neuhausen, als der dortige Hausbesitzer-Verein am 19. November 1887 den Fortschritt forderte, der nirgends „so weit zurückgeblieben ist, wie bei uns in Neuhausen. Sehen Sie hin auf andere Stadttheile, die nicht entfernt die günstige Lage Neuhausens haben, wie weit haben sie alle uns überflügelt, welch' horrende Preise erzielen z. B. die Schwabinger für ihre Bau-Gründe – das fünf- und zehnfache uns gegenüber mehr ... Aber nicht allein dieses ist von Wichtigkeit, daß die Grundbesitzer ihre Gründe besser verwerthen können, sondern mehr noch ist es die Bauthätigkeit, die gehoben werden muß, daß die Erwerbsgelegenheiten vermehrt werden.“ Vor allem die vermehrten Wohnungsgelegenheiten seien es, „die nach allen Seiten befruchtend wirken; denn bei einer dichteren Bevölkerung ist mehr Umsatz, und wo mehr Umsatz ist, da ist auch mehr Gewinn.“[104]

Gern heute

Befasst man sich heute mit der Kolonie, so hat man es im Wesentlichen mit drei Orten zu tun: Der eine ist das Gern, wie es sich heute darbietet.

Der zweite ist das Gern, das 1892/93 von Jakob Heilmann grundgelegt und geprägt wurde, aber nach 1900 mannigfach ergänzt und verändert wurde. Manche Häuser, wenn auch wesentlich weniger als gemeinhin angenommen wird, sind völlig verloren gegangen, und auch davon die wenigsten durch Kriegseinwirkung. Häufiger wurden Häuser in ihrem äußeren Erscheinungsbild verändert, vor allem vereinfacht. Insgesamt aber hat die Siedlung ihren Gesamtcharakter aus der Gründungszeit und den Jahren danach erfreulich bewahren können.

Nicht alle Bauten der Nachkriegszeit kann man der Geldgier oder dem Unverständnis der Hauseigentümer anlasten. Es gab vielmehr bis in die 50er und 60er Jahre Baulücken in den Straßen, die in unserer Zeit erst geschlossen wurden. Als Muster kann die Wilhelm-Düll-Straße gelten. Das Haus Nr. 16 (Innere Mission) wurde erst 1940 auf zwei bis dahin unbebauten Reihenhaus-Parzellen errichtet. Auch das Haus gegenüber (Nr. 13) hat 1953 nur eine Baulücke geschlossen. Das Eckgründstück (Nr. 25) an der Ecke zur Klugstraße wurde 1954 in einem Garten errichtet, das Gegeneck ist heute noch ein Obstgarten. Direkt gegenüber der Einmündung der Wilhelm-Düll- in die Tizianstraße stehen zwei Häuser (heute Tizianstraße 63a und 65), die ebenfalls 1975/76 nur eine von Anfang an bestehende Baulücke geschlossen haben. In all diesen Fällen wurde kein alter Bau durch einen neuen verdrängt. Da gab es nichts zu verdrängen. Vor allem Eckgründstücke waren offensichtlich nicht besonders beliebt. Deshalb konnte auch die Ecke Magdalenen-/Klugstraße erst 1970 mit einer Wohnanlage bebaut und geschlossen werden und auch die Wohnanlage Böcklin-/Ecke Malsenstraße steht, zum größten Teil jedenfalls, auf einem bis dahin freien Gartengrundstück. Das Eckhaus Böcklinstraße 62, Ecke Klugstraße wurde um 1925 erbaut, das Gegeneck Klugstraße 58 erst um 1968 bis an die Böcklinstraße vorgezogen. Eine völlig andere Frage ist, ob einem diese Nachkriegsbauten im Einzelnen gefallen müssen.

Man sollte sich da aber vor Legendenbildung hüten. Deshalb ist von einem dritten Gern zu sprechen, einem imaginären, einem nie real existierenden Gern. Dieses Gern kann man, nebst Anklängen in manchen Veröffentlichungen, vor allem im U-Bahnhof Gern besichtigen. Dort hat das zuständige städtische Referat die Bahnsteigwände mit einer Galerie von Bauplänen Gerner Häuser geschmückt. Insgesamt sind die Aufriss-Zeichnungen von 31 Häusern abgebildet, von denen es – mit einer Ausnahme – kein einziges je gegeben hat. Das waren Entwürfe der Baubüros, Katalog-Angebote, Bebauungsvorschläge, die jedoch nie einen Interessenten fanden und in der Schublade blieben. Es gehörte ja zum Konzept Heilmanns, angebotene Pläne nach den Wünschen der Käufer abzuwandeln und manche Vorschläge fanden überhaupt keinen Gefallen. Leider glauben heute die meisten Betrachter, diese Häuser seien alle verlorengegangen.

Das Gern außerhalb der Villenkolonie: Großprojekte auf der ehemaligen Flur der Gerner Bauern

Spricht man von Gern, meint man heute im Allgemeinen die Heilmann'sche Villenkolonie. Dass Gern aber weit darüber hinausreicht, ist den wenigsten Gernern bewusst. Hinzukommt, dass ein Teil der alten Gerner Flur – vor allem die Borstei – heute zum Stadtbezirk 10 Moosach gehört, nicht zum Stadtbezirk 9 Neuhausen-Nymphenburg.

Zwei große Fernverbindungen durchschneiden die ehemalige Gemarkung Gern in ihrer vollen Breite: die *Straße* von München *nach Dachau* und weiter nach Aichach, wobei vor allem Dachau früh als Nebenresidenz der Herzöge und Kurfürsten eine Rolle spielte. Die andere Fernverbindung entstand erst 1856/58, als die *Eisenbahnlinie* von der Donnersberger Brücke aus *nach Landshut* und Regensburg auf einer schnurgeraden Trasse quer durch das Gemeindegebiet gelegt wurde. Die Linienführung hatte nicht lange Bestand und wurde um den Nymphenburger Schlosspark herum über Moosach nach Feldmoching verlegt. Als Straße blieb sie jedoch in der „Landshuter Allee" mit ursprünglich sechs Baumreihen erhalten.

Der Grundbesitz der Gerner Bauern reichte im Osten bis weit in das Exerzierfeld Oberwiesenfeld hinein, mit einem kleinen Sporn sogar bis an den Fuß des heutigen Schuttberges, sodass Gern auch zum Standort militärischer Einrichtungen wurde. Als erstes kam die *Militärschwimmschule*: Im März 1827 erwarb die bayerische Armee 1 $^1/_2$ Tagwerk Grund von einem der Gerner Höfe, direkt am „Würm"-Kanal, zur Anlage einer Militärschwimmschule. Insassen des Münchner Strafarbeitshauses gruben noch im Frühjahr das 100 Meter lange, 13 Meter breite und 3 Meter tiefe Schwimmbecken neben dem Kanal. Es läge heute in Höhe der Montessori-Schulen bis zur Überquerung des Kanals durch den Spiridon-Louis-Ring. Das Bad war am 1. Juni fertig. Die Schwimmschule sollte von Anfang an gegen Bezahlung auch zivilem Publikum zur Verfügung stehen, u. a. den Schülern der Gymnasien und anderer Schulen, sowie Studenten. (Männliche) Zöglinge des Waisenhauses erhielten den Unterricht kostenlos. Ziel war, dass sich die Militärschwimmschulen auf diese Weise selbst finanzieren sollten, was sogar weitgehend gelang.[105]

Im April 1888 wurde das *Eisenbahn-Bataillon* von Ingolstadt nach München verlegt, zunächst in eine Unterkunft in der (neuen) Marsfeldkaserne. Ab Frühjahr 1889 begannen die Bauarbeiten auf dem Oberwiesenfeld an der Dachauer Straße, gegenüber dem Gasthaus Ebenau. Zum 1. Mai 1890 konnte das Bataillon offiziell auf das Oberwiesenfeld umziehen. Der eigentliche Kasernenbau war vierstöckig, mit Keller und drei Dachgeschossen, und war auf eine maximale Belegung mit 460 Personen ausgelegt. Tatsächlich waren seit Sommer 1890 etwa 360 Soldaten untergebracht. Im dritten Stock erhielten aber auch vorübergehend die Militärtelegraphenschule und in einem Teil des 4. Stocks die erst 1890 aufgestellte Luftschiffer-Abteilung Räume. Ab 1. Oktober 1893 wurde eine 3. Kompanie aufgestellt. Dafür wurde eine Kasernenbaracke mit einer Kapazität von 164 Wohnplätzen errichtet. Nach wiederholten Erweiterungen wurde die Eisenbahnkaserne nach dem 1. Weltkrieg von der Reichswehr übernommen. 1923 wurde das heute noch vorhandene Denkmal für die Gefallenen der

Militärschwimmschule
auf dem Oberwiesenfeld.
Postkarte o. D.

bayerischen Eisenbahntruppe im 1. Weltkrieg an der Westseite der Kaserne enthüllt. Nach der amerikanischen Besatzungszeit übernahm die Bundeswehr das Gelände. Die Gebäude der bayerischen Eisenbahnkaserne sind größtenteils erhalten. Von 1976 bis 1982 wurde auf dem Übungsplatz der Kaserne bis zur Landshuter Allee ein großer Baukomplex für die Wehrbereichsverwaltung VI (Bayern) errichtet.[106]

Darüber hinaus wurde Gern nach der Eingemeindung zum Standort zahlreicher *sozialer Einrichtungen*, wozu man durchaus auch schon die Militärschwimmschule rechnen kann, die von Anfang an das Gerner Gebiet prägen:

Das *Magdalenenheim* in der Magdalenenstraße 9/11, heute Teil der Inneren Mission, wurde 1898 als Besserungsanstalt für gefallene Mädchen gegründet. Das waren Minderjährige, die von zu Hause ausgerissen und auf die schiefe Bahn gekommen waren oder anderweitig als schwer erziehbar galten.[107] Heute hat die Innere Mission hier ihre gesamte Altenbetreuung zusammengefasst (Evang. Pflegeakademie, Evang. Pflegedienst).

Die Gebäude des Eisenbahn-Bataillons an der Dachauer Straße. Postkarte 22.10.1912.

Das Magdalenenstift, Magdalenenstraße 7, mit anschließenden Häusern Nr. 9 und 11. Aufnahme 6.3.1907

Das *Heiliggeistspital* wurde in der 1. Hälfte des 13. Jahrhunderts (vielleicht 1208) auf dem Platz des heutigen Viktualienmarktes gegründet. 1823 verlegte man es aus Platzgründen in die Räume des ehemaligen Klosters der Elisabethinerinnen in der späteren Mathildenstraße. Seit 7. Februar 1899 dachte man an eine Verlegung des Spitals aus der Mathildenstraße, die schließlich 1904 mit dem Bau von Hans Grässel am Dom-Pedro-Platz in Angriff genommen wurde. Im Mai 1907 konnte es bezogen werden. Die Spital-Kirche wurde am 28. Dezember 1908 geweiht.[108]

Das *Dantebad* und *Dantestadion* entstanden auf der Flur der „Oswaldremise", des Oswaldhofes des Klosters Beuerberg (der späteren „Gerner Brauerei"). Das Gelände kaufte 1897 die Stadt, schon mit der Absicht einmal ein städtisches Freibad hier einzurichten, was 1912/13 auch geschah, zunächst als Knaben- und Männerschwimmbad. 1919/20 erstmals vergrößert, wurde es 1927/28 zum Familienbad erweitert, 1928/29 mit einem Schwimmstadion, einem Sport- und einem Sprungbecken, Zehnmeterturm und Zuschauertribüne ausgestattet. 1926/28 kam ein Sportstadion, das Dantestadion, hinzu, damals das größte in München. Architekten waren unter anderem Adolf Schwiening, Fritz Beblo und Karl Meitinger.[109]

Das *Bürgerheim Dall'Armi*: Heinrich Ritter von Dall'Armi, der seit 1874 im Tabakgeschäft, vor allem im Tabakimport, tätig war, und seine Frau errichteten die Stiftungen „Münchner Bürgerheim" und „Dall'Armi Heim für Dienstboten". Das Gebäude wurde 1910/13 von Hans Grässel errichtet. Heute gehört das Haus zur „Münchenstift GmbH".

Der *Erholungspark für Kriegsbeschädigte* in der Taxisstraße: 1920 von der Krongutsverwaltung gepachtet, im ehemaligen Fasangarten, dem König-Ludwigs-Einfang. 1924 wurde ein Vereinsheim mit Wirtsgarten dort eröffnet. Es gab eine Liegehalle, ein Schwimmbad, ein Glashaus mit Warm- und Kaltwasserduschen. Der Verein hatte zwischen den beiden Weltkriegen immerhin 1.000 Mitglieder. Nach Kriegszerstörungen geschah ab 1950 der Wieder-

aufbau. Die Gaststätte ist vor allem wegen ihres Biergartens mit 1.500 Plätzen weit über Gern hinaus berühmt.[110] Für die übrigen Anlagen wird zur Zeit ein Nutzer gesucht.

Die *Borstei* wurde 1924/29 von Bernhard Borst und Oswald E. Bieber erbaut, als erste Großwohnanlage Münchens mit Gemeinschaftsgärten, Läden und Werkstätten, eine der ersten Anlagen in München nach dem 1. Weltkrieg, eine der letzten, die auf privatwirtschaftlicher Grundlage errrichtet wurden, gedacht und gebaut für eine soziale Mittelschicht. Die Borstei ist eine private Stiftung. Im Unterschied zu Gern ist sie eine Mietwohnanlage, in der Borst die Qualitäten der Villenvororte mit den Vorzügen des Miethausbaues verband. Charakteristisch sind die geschlossenen Straßenräume, eine vollkommene, quasiklösterliche Abgrenzung der Siedlung nach außen, die den Bewohnern ein Gefühl der sicheren Rück-

Heiliggeistspital aus der Luft. Unten Mitte die Christuskirche und Teil der Schule. Darüber links die Kolonie Gern, rechts der König-Ludwigs-Einfang (Taxisgarten). Oben rechts am Kanal die Oswaldremise und darüber der Westfriedhof. Aufnahme o. D.

Blick auf Dantebad und Dantestadion, Postkarte o. D. (ca. 1975)

Das Bürgerheim an der Dall'Armi-Straße. Postkarte 18.2.1914

zugsmöglichkeit geben soll. Sie bietet aber auch weitgehende Autonomie durch eine zentrale Heiz- und Warmwasseranlage und einen Ladenhof für die Deckung des täglichen Bedarfs.[111] Von heutigen Architektur- und anderen Historikern fast stereotyp als konservativ, altdeutsch und rückwärtsgewandt apostrophiert, von den Denkmalpflegern „historisierend" und „Heimatstil" genannt, wenngleich – bezogen speziell auf die Borstei – „als perfekt gelungener Anachronismus" (Weschenfelder), teilt die Borstei damit das Schicksal der Villenkolonie Gern.

Mehrere *Kleingartenanlagen* liegen auf Gerner Gebiet, vor allem die große Anlage südlich des Westfriedhofs, zwischen Baldur-, Dantestraße und Kanal. Sie wurde 1907 angelegt.

Die *Pfarrkirche St. Laurentius* wurde vom Kirchenbaumeister Emil Steffann in Zusammenarbeit mit Rudolf Schwarz entworfen. Am 26. Juni 1955 war die Grundsteinlegung, am 27. November 1955 bereits die Weihe durch Joseph Kardinal Wendel. Der Innenausbau zog

Blick in die Borstei.
Aufnahme um 1930

Pfarrkirche St. Laurentius.
Postkarte um 1960

sich jedoch noch bis 1956 hin. Das neben der Kirche liegende Pfarrzentrum wurde erst 1968/70 errichtet.[112]

Das *Wilhelmine-Lübke-Altenheim,* von der Stadt 1963/65 erbaut, für Selbstversorger in Ein- und Zweibettzimmern, mit Küche, Waschraum, WC und Loggia.

Das *Kolpinghaus St. Theresia*, Hanebergstraße: Einweihung am 23. April 1966.[113]

Das (Neue) *Marienstift* in der Klugstraße 144 entstand ab 1955 (mit späteren Erweiterungen) als Ersatz für das 1945 zerstörte Alte Marienstift in der Ottostraße 7. Entwurf, mit Kapelle, von Franz Sommersberger. Das Stift nahm Ende 1955 erstmals 176 Frauen auf.[114]

Sogar ein Teil des *Olympia-Radstadions*, zur Zeit „Event-Arena" genannt, liegt noch auf Gerner Gebiet, da die Grenze der Gemeinde Nymphenburg heute quer hindurch Richtung Gaswerk verlaufen würde. Gebaut wurde es 1970/72 nach Plänen von Herbert Schürmann mit 5.000 Plätzen. Die Zukunft des Stadions ist seit der Errichtung notorisch ungewiss.

Auch ein Teil des *Gaswerks Moosach* stand auf Gerner Flur. Die erste Baustufe wurde 1906/09 errichtet. Erweiterungen gab es 1911/12 und 1925/32. Der zweite große Gasbehälter wurde 1930 gebaut.[115] Ein letzter fast 100 Meter hoher Gaskessel wurde noch 1958 in Betrieb genommen. Da 1972 bereits 88 % des Münchner Gasbedarfs durch Erdgas gedeckt wurden, begann ab 1974 die Demontage des Werks. 1975 drehte der Oberbürgermeister die letzte Stadtgasflamme ab. 1977 fanden die letzten Abbrucharbeiten statt.[116] Heute stehen noch der historisierende Wasserturm von Hans Ries und Robert Rehlen, erbaut 1906/09, und die Zählerhalle. Auf dem Gelände stehen heute der Abfallwirtschaftsbetrieb München und das Verwaltungszentrum der Stadtwerke München.

Das Marienstift an der Klugstraße. Aufnahme April 1957

Der Kanal mitsamt dem Kessel vor dem Waisenhaus diente im Winter als Lieferant von Eis, das in Blöcken herausgesägt und an Brauereien und Gasthäuser zur Kühlung von Bier verkauft wurde, solange Carl von Linde den Kühlschrank nicht erfunden hatte. An der Ecke Waisenhausstraße/Nördliche Auffahrtsallee etablierte sich Ende des 19. Jahrhunderts eine *Eisfabrik*, die ab 1897 unter dem Firmennamen „Vereinigte Einswerke Ortlieb & Edenhofer" firmierte. Sie wurde Anfang der 30er Jahre geschlossen und das Gelände anschließend mit Wohnhäusern bebaut.[117]

Gaswerk Moosach. Von der ganzen Anlage stehen nur noch der Wasserturm und die Zählerhalle. Aufnahme 1915

Die Nachbarschaft der ehemaligen Gerner Flur

Nicht mehr zum alten Gern würden gehören, bilden also sozusagen die Randbebauung:

Der *Westfriedhof:* Baubeginn war am 18. April 1898.118 Bereits am 16. September 1898 fanden die ersten beiden Beerdigungen statt.119. Die Übergabe erfolgte aber erst im November 1900, die feierliche Eröffnung erst am 1. November 1902.[120]

Die *Evangelische Christuskirche*: 1899/1900 von der Firma Heilmann & Littmann erbaut, mit Pfarrhaus an der Dom-Pedro-Straße. Seit 1911 selbständige Pfarrei.

Die *Dom-Pedro-Schule*: Am 25. September 1899 konnte der Unterricht in 20 Schulsälen der Schule aufgenommen werden. Sie hatte in diesem Schuljahr sieben Knaben-, sieben Mädchen- und drei gemischte Klassen mit einer Schülerzahl von 432 Knaben und 417 Mädchen.[121]

Waisenhaus (rechts) und Heiliggeistspital im Hintergrund (links). Postkarte 1910

Restaurant Grünwaldpark. Postkarte o. D.

Volksgarten Nymphenburg an Waisenhauskanal (links unten) und Notburgastraße (rechts, mit Haltestelle der Straßenbahn). Postkarte o. D.

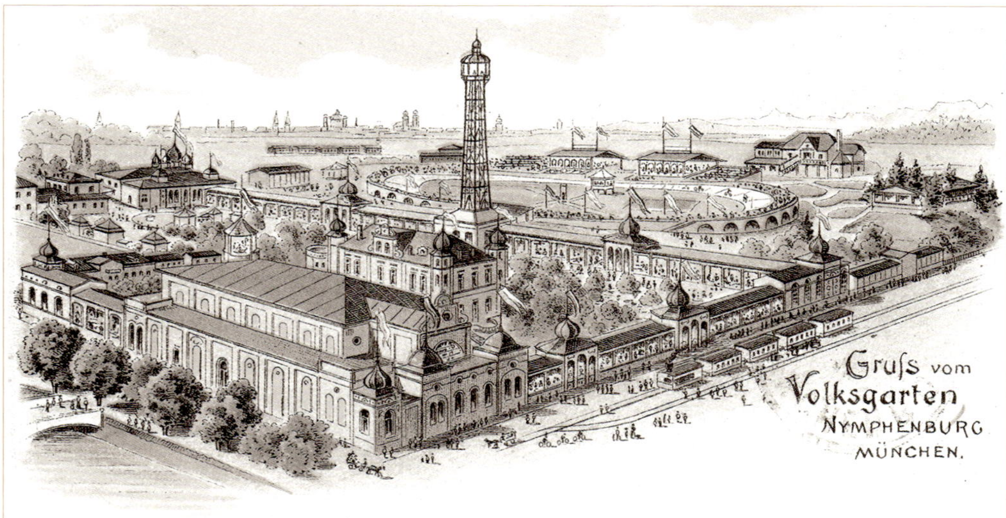

Das *Waisenhaus*:[122] Für die Unterbringung von elternlosen Kindern gab es schon in der Mitte des 15. Jahrhunderts eine Stube im Heiliggeistspital, aus der sich im 17. Jahrhundert das Waisenhaus entwickelte. Das Haus am Nymphenburger Kanal wurde 1896/99 von Hans Grässel errichtet. Als baulicher Abschluss des Schlosskanals gegen Osten war eine aufwendigere Gestaltung und Errichtung auf einer 1, 70 Meter hohen Terrasse erforderlich.

Der *Grünwaldpark* ist benannt nach einem Hotelbesitzer Joseph Grünwald, der 1891 hier im heutigen Park ein Restaurationsgebäude mit Garten, zwei Teichen und einem Springbrunnen errichtete. 1902/03 wurde bereits wieder alles abgebrochen, 1953 durch die Stadt eine öffentliche Anlage angelegt.[123]

Der *Volksgarten in Nymphenburg*: Auch er war die Gründung eines Privatmannes. Eröffnet wurde er 1890. Er enthielt Konzert- und Tanzsäle, Schießstätten, Bärenzwinger, Affenkäfige, Kegelbahnen, Spielplätze, ein Hippodrom, eine Radrennbahn, eine Alm mit Schuhplattlern aus Berchtesgaden. Schon zu Beginn des neuen Jahrhunderts begannen die Besucherzahlen abzunehmen. 1916 begann man das ganze Areal in Baugrundstücke aufzuteilen. Nur der Name

Karmelitenkirche und -kloster St. Theresia an Landshuter Allee und Dom-Pedro-Straße (nach links). Postkarte o. D.

Volksgartenstraße erinnert heute noch an diesen einstigen Vergnügungspark zwischen Notburga- und Döllingerstraße.[124]

Das *Karmelitenkloster St. Theresia*. Nachdem am 7. Januar 1922 Rom den Karmelitenkonvent St. Theresia in München kanonisch errichtet hatte, konnte am 2. April 1922 der erste Spatenstich getan und am 22. Oktober 1922 der Grundstein zur Kirche an der heutigen Landshuter Allee gelegt werden. Am 14. Dezember 1924 konnte sie konsekriert werden. 1934 wurde eine Neuregelung der Pfarrgrenzen in Angriff genommen. Dabei wurde auch vorgesehen, dass die Karmeliten eine Pfarrei übernehmen sollten. Mit Wirkung vom 1. Januar 1935 wurde schließlich an St. Theresia die Pfarrei errichtet.[125]

Die *Russisch-orthodoxe Kapelle* auf dem (Rest-)Oberwiesenfeld, seit 1946 von „Väterchen Timofei" erbaut und ausgestattet.

Die *Montessori-Schulen* bezogen nach den Olympischen Spielen von 1972 die Behelfsbauten der Olympia-Baugesellschaft am Willi-Gebhart-Ufer.

Russisch-orthodoxe Kapelle auf dem Oberwiesenfeld. Aufnahme 27.11.1986

Quellenangaben

1 Das um 1450 angelegte Herdstättenverzeichnis nennt für „Geren" einen Sighard, Fridrich und Ull Wölfel, Oswolt Huber, Hänsel Kristel, vgl. StadtA, Fremdbestand Nr. 21/1 S. 110r. – Pankraz Fried, Die Landgerichte Dachau und Kranzberg, = Historischer Atlas von Bayern, Teil Altbayern Heft 11/12, München 1958, S. 59, nach Güterkonskription 1752 und Hofanlagebücher 1760. – Andreas Grad, Aus Neuhausens Vergangenheit = Neue Schriftenreihe des Stadtarchivs München, Bd. 8, München (1908), S. 19. – Zum Thema grundsätzlich: Helmuth Stahleder, Vom Klosterhof zum Villenvorort. Gern und die Eingemeindung von Nymphenburg am 1. Januar 1899, hrsg. vom Stadtarchiv und dem Verein zur Erhaltung Gerns e. V., München 1999.

2 Der Hausname stammt von einem ehemaligen Bauern, Oswald Zehetmair „zu Gern", BayHStA, HR Fasz. 21 Nr. 201 S. 42v/43r, HR II Fasz. 21 Nr. 202 fol. 79r. Aber schon um 1450 gab es einen Oswolt Huber in Gern. Auch er könnte der Namengeber gewesen sein.

3 Dem Chorherrenstift Beuerberg gehörten (auf jeden Fall schon 1336) auch drei von den laut Herdstättenverzeichnis (um 1450 angelegt) sieben Bauern in Unterkemnaten, das später in Nymphenburg aufging, vgl. Georg Mooseder, Dorfgericht und Hofmark Ober- und Unterkemnaten (heute Nymphenburg), in: Amperland 1993, Heft 2, S. 77.

4 StaatsA, Kataster Nr. 13107 S. 58v/62r.

5 Georg Mooseder, Der soziale Aufstieg der Untermenzinger Familie Pallauf, in: Amperland 27. Jg., 1991, S. 50/54.

6 StadtA, LBK Nr. 12961.

7 StaatsA, Kataster Nr. 13107 S. 65v/67r. Kataster Nr. 13121 S. 278. – StaatsA, Kataster Nr. 13119 S. 273. Es gehen 2,9349 Tagwerk auf 1 ha.

8 StadtA, Gewerbeamt, Wirtschaftskonzessionen Nr. 5079.

9 Vgl. dazu Mooseder, Dorfgericht und Hofmark S. 76–79.

10 BayHStA, HR II Fasz. 24 Nr. 244 fol. 109r/v.

11 StadtA, Nymphenburg Nr. 223 (4.2.1890).

12 Nach Dr. h.c. Ludwig Ferdinand Prinz von Bayern (1859–1949), Gemahl der spanischen Infantin Maria de la Paz, Chirurg.

13 StadtA, Nymphenburg Nr. 223 (Schreiben 2.4.1890), auch Nymphenburg Nr. 436 S. 200r und S. 162 und ebenda S. 210 (15.12.1890).

14 StadtA, Nymphenburg Nr. 436 S. 200r.

15 StadtA, Nymphenburg Nr. 223.

16 StadtA, Nymphenburg Nr. 436 S. 20v (30.3.1885).

17 StadtA, Nymphenburg Nr. 439, TOP 197.

18 BayHStA, HR II Fasz. 21 Nr. 199 (Eintrag Nr. 69) f. 11r.

19 BayHStA, HR II Fasz. 21 Nr. 201 (Eintrag Nr. 80) f. 16v.

20 Vgl. Heidrun Kurz, Barocke Prunk- und Lustschiffe am kurfürstlichen Hof zu München = Miscellanea Bavarica Monacensia, Bd. 163, München 1993, S. 156.

21 Vgl. MGZ 1898 S. 711.

22 „Kaninchen sind um München in den Revieren von Gern (300 Stück), Moosach und Schleißheim ziemlich häufig. ... Ein Lapin-Garten oder Kinigl-Garten wird schon 1698 zu Moosach erwähnt", vgl. von Kobell S. 184.

23 Die zum Staatsärar bzw. zur Civilliste zählende „Oberländer-Remise" (Feldremise, „ehemalige Jagdremise"), ein „Gehölz" von 1,62 Tagwerk Umfang, mit Birken, Fichten und Gesträuch bewachsen, kaufte die Stadt für 28 000 Mark mit Vertrag vom 31. Mai 1900, vgl. StadtA, Städtischer Grundbesitz Nr. 1956.

24 Der Name hängt mit der Jagd zusammen: Bei der Hüttenjagd wurde vom Hüttenjäger, aus einer manchmal in die Erde eingegrabenen und mit Laubwerk bedeckten „Hütte" mit Schusslöchern heraus, auf Raubvögel (Raben, Krähen, Sperber, Falken) geschossen, die man zum Teil mit Hilfe eines „Lockvogels", z. B. eines Uhus, anlockte und dann abschoss, vgl. Ernst Josef Uiberacker, Gejagt – gehegt. Gefehlt – erlegt, München 1936/37 S. 120/121. – Vgl. auch Volker D. Laturell und Georg Mooseder, Moosach. Die Entstehungs- und Entwicklungsgeschichte eines Münchner Stadtteils, mit den Ortsteilen Moosach, Hartmannshofen, Nederling, Eggarten und Olympia-Pressestadt, Bd. II, München 1985, S. 125/129.

25 Eröffnung des Vereinsheims mit Wirtsgarten 1924, vgl. Neuhauser Nymphenburger Hefte 1, S. 32. Baubeginn für das Wirtschaftsgebäude war im März 1924. Der Erholungspark war das erste Kriegererholungsheim Deutschlands, vgl. Vorort und Siedelung 1. Jg., Nr. 9 vom 5.7.1924.

26 Hof- und Staatshandbuch, München 1824 S. 94/95.

27 Hof- und Staatshandbuch, München 1884 S. 134.

28 Hof- und Staatshandbuch, München 1912 S. 124/125.

29 Stellungnahme des Bayerischen Landesamtes für Denkmalpflege vom 05.02.2002.

30 StaatsA, Kataster Nr. 13107 S. 67v/69r.

31 BayHStA, Schlösserverwaltung Nr. 204.

32 StaatsA, Kataster Nr. 13119 S. 279

33 BayHStA, Schlösserverwaltung Nr. 204.

34 Anton Schlichthörle, Die Gewerbsbefugnisse in der k. Haupt- und Residenzstadt München, 1. Bd., 1844, S. LV.

35 Bauakt Gerner Straße 33 in der Lokalbaukommission (Blumenstraße 28b).

36 LBK Nr. 15832.

37 Geboren 21. August 1846 in Geiselbach bei Aschaffenburg, gestorben

15.2.1927 in München, StadtA, PMB. – Vgl. auch: Dorle Gribl, Villenkolonien in München und Umgebung. Der Einfluß Jakob Heilmanns auf die Stadtentwicklung, München 1999, S. 19 ff., und: Thomas Steigenberger, Gern. Geschichte – Architektur – Denkmalpflege, hrsg. vom Verein zur Erhaltung Gerns e. V., München 2005.

38 Anzeige in „Bayerischer Kurier" Nr. 62 S. 7 vom 2.3.1892.

39 Gribl S. 13 ff., 17.

40 Jakob Heilmann, München in seiner baulichen Entwicklung, ein Blick in deren Vergangenheit, Gegenwart und Zukunft, München 1881. – Über Heilmann vgl. auch „Münchner Neueste Nachrichten" Nr. 229 vom 19.8.1926, „Bayerischer Kurier" vom 17.8.1926 (zum 80. Geburtstag).

41 Heilmann, Bauliche Entwicklung S. 19, 22, 23/24.

42 Jakob Heilmann, Lebenserinnerungen, München 21.8.1921, S. 47/48 und S. 37/38.

43 Gribl S. 30 ff.

44 Rudolf Martin, Jahrbuch der Millionäre in Bayern, Berlin 1914 S. 149. – Alleine das von Heilmann gekaufte Gut Harlaching bestand aus 504 Tagwerk Grund, vgl. Heilmann, Lebenserinnerungen S. 50.

45 Heilmann besaß das Bürgerrecht in Nymphenburg, StadtA, Nymphenburg Nr. 436 S. 53v, 54r. Er hatte damit das Recht, als Vollbürger an den Gemeinde-Angelegenheiten teilzunehmen, zum Beispiel an Bürgerversammlungen, was er auch tat, so am 23. März 1890, ebenda Nr. 447 S. 21.

46 StadtA, Nymphenburg Nr. 437 S. 45v.

47 Heilmann & Littmann, Die Familienhäuser-Colonie S. 2.

48 Heilmann & Littmann, Die Familienhäuser-Colonie S. 4.

49 StadtA, BuR Nr. 1322, Bericht der Gemeinde an das Bezirksamt vom 8.4.1889 über die Verhältnisse der Gemeinde.

50 StadtA, Nymphenburg Nr. 437 S. 111v (21.11.1893).

51 StadtA, Nymphenburg Nr. 437 S. 103v (9.10.1893), Privatlehrer Julius Graezinger.

52 StadtA, Nymphenburg Nr. 437 S. 85v (19./22.6.1893), Kantinenwirt Michael Penzkofer aus Englmar (Gerner Straße 20, Ecke Malsenstraße).

53 StadtA, Nymphenburg Nr. 438 S. 32r.

54 StadtA, Nymphenburg Nr. 439, TOP 133.

55 StadtA, Nymphenburg Nr. 440 S. 95.

56 Jakob Heilmann, Lebenserinnerungen, München 21. August 1921, S. 37/38, 48.

57 Heilmann, Lebenserinnerungen S. 50.

58 Heinrich Horn, Willibald Karl, Neuhausen. Geschichte und Gegenwart, hrsg. von Richard Bauer, München 1989, 2. Aufl. 1990, S. 168.

59 Horn/Karl, Neuhausen S. 168.

60 Stahleder, Vom Klosterhof zum Villenvorort S. 21.

61 MNN Nr. 296 vom 25.6.1926.

62 StadtA, PMB.

63 Rolf Linnenkamp, Die Schlösser und Projekte Ludwigs II. = Heyne Stilkunde Bd 10, München 1977, S. 70, 77, 79, 104, 135, 144.

64 StadtA, PMB H 333 und Hausbogen.

65 StadtA, PMB und Presseberichte 28./29.9.1934 zum 75. Geburtstag.

66 StadtA, PMB.

67 Zu den Architekten vgl. auch Steigenberger S. 5 ff.

68 Vgl. StadtA, PMB und Zeitungs-Ausschnitte; Hans Vollmer u.a. (Hrsg.), Allgemeines Lexikon der Bildenden Künstler von der Antike bis zur Gegenwart, begründet von Ulrich Thieme und Felix Becker, Bd. 32, 1938, S. 272.

69 Weitere Abbildungen in: Dorothea von Herder, 100 Jahre Villenkolonie Gern, Festschrift, hrsg. vom Verein zur Erhaltung Gerns e.V., München 1992. – Vgl. auch Steigenberger S. 15 ff.

70 StadtA, LBK Nr. 12075.

71 Um Legenden vorzubeugen: Nach den amtlichen Meldeunterlagen erfolgte die Abmeldung aus Theresienstraße 148 nach Klugstraße 18 am 15.7.1907. Auch die Adressbücher nennen bis 1907 keine Stockwerksangabe, was bedeutet, dass der Eigentümer das Haus nicht bewohnt. Es wurde am 25.2.1919 von Heine an die Direktorseheleute Karl und Maria Bühler verkauft und es erfolgte am 13.11.1919 der Wegzug Heines aus München nach Diessen am Ammersee. – Der polizeiliche Meldebogen nennt als Datum für den Erwerb des Hauses Klugstraße 18 den 31.1.1901.

72 Abbildungen in: Richard Bauer, unter Mitarbeit von Elisabeth Angermair, Eva Graf, Marita Krauss, Prinzregentenzeit. München und die Münchner in Fotografien, München 1988, Ab S. 107 ff.

73 Brigitte Langer, Das Münchner Künstleratelier des Historismus, Dachau 1992, mit zahlreichen Abbildungen.

74 Dr. Wilhelm Rohmeder * 8.6.1843, + 4.10.1930.

75 StadtA, PMB G 136.

76 StadtA, PMB.

77 Vgl. Helmuth Stahleder, Chronik der Stadt München Bd. 3. Erzwungener Glanz. Die Jahre 1706–1818, Ebenhausen 2005, S. 526 zum 25.11.1803.

78 StadtA, BuR Nr. 1322 S. 9.

79 Horn/Karl, Neuhausen S. 31 mit Anm. 18.

80 Horn/Karl, Neuhausen S. 143.

81 Horn/Karl, Neuhausen S. 169.

82 Laturell/Mooseder, Moosach II S. 474/475.

83 Helmuth Stahleder, Kirche in der Vorstadt. Die evangelische Christuskirche und der Münchner Stadtbezirk Neuhausen um 1900, hrsg. vom Stadtarchiv München und dem Evang.-Luth. Pfarramt Christuskirche, München 2001 S. 76, 79.

84 Horn/Karl, Neuhausen S. 31.

85 StadtA, BuR Nr. 1322 S. 8.

86 Stahleder, Vom Klosterhof zum Villenvorort S. 34 ff. mit Quellen. – Grad S. 16.

87 StadtA, BuR Nr. 1322.

88 Die Bedingungen waren: 1. Bau einer Brücke über den Kessel des Kanals; 2. Möglichste Erleichterung des Pflasterstatuts; 3. Weiterverwendung aller 7

Gemeindebediensteten ohne Schmälerung ihrer Einkünfte; 4. Erhaltung des Nymphenburger Friedhofs; 5. Besondere Verhandlungen bezüglich der bestehenden Stiftungen; 6. Baldige Kanalisation, Wasserleitung und Straßenbeleuchtung; 7. Ausdehnung der Trambahnfahrzeit bis 11 Uhr nachts. Vgl. StadtA, BuR Nr. 1322.

89 StadtA, Stadtchronik 1913/I S. 2222.

90 Stahleder, Vom Klosterhof zum Villenvorort S. 36 ff.

91 Nach dem Stand vom 16.10.1899 hatte die Schule im Schuljahr 1899/1900 7 Knaben-. 7 Mädchen- und 3 gemischte Klassen, insgesamt 17 Klassen, und eine Schülerzahl von 432 Knaben und 417 Mädchen, insgesamt: 849 Schüler.

92 Vogelmaier S. 131. – Stahleder, Vom Klosterhof zum Villenvorort S. 37 und Stahleder, Kirche in der Vorstadt.

93 Josef Lipp, Geschichte der Schule Neuhausen Schulstraße Nr. 3 in München S. 17.

94 StadtA, Nymphenburg Nr. 7. – Ganz Nymphenburg hatte am 21.6.1895 3763 Einwohner (1897 männlich, 1866 weiblich), ebenda Nymphenburg Nr. 10.

95 StadtA, Nymphenburg Nr. 10. Dazu 3210 katholische und 3 israelische.

96 StadtA, BuR Nr. 1322 "Vortrag" S. 12 ff.

97 Volkszählung 1888: 11 450 Einwohner, vgl. 100 Jahre Eingemeindung Neuhausen, 1. Aufl., München 1990, S. 17.

98 StadtA, Bestattungsamt Nr. 679.

99 Die Dantestraße bekam dann eine Breite von 40 Metern, vgl. Edelgard Voglmaier, Hans Grässel, Architekt und städtischer Baubeamter in München = Miscellanea Bavarica Monacensia Bd. 148, München 1994, S. 85.

100 Stahleder, Vom Klosterhof zum Villenvorort S. 39 ff.

101 Stahleder, Vom Klosterhof zum Villenvorort S. 43 ff.

102 Mädchenschulhaus Maria-Ward-Straße 9 in Nymphenburg erbaut 1894/95, bezogen 1895, vgl. Max Megele, Baugeschichtlicher Atlas der Landeshauptstadt München = Neue Schriftenreihe des Stadtarchivs München, Bd. 3, München 1951, S. 134; Knabenschulhaus mit 7 Schulsälen 1897 erbaut, vgl. MGZ 1898 S. 985 vom 29.9.1898 (Gemeindebevollmächtigte), vorletzte Zeile, und StadtA, BuR Nr. 1322 „Antrag“ S. 9 und ebenda Vertrag mit der Fa. H&L über den Bau des Schulhauses vom 11.2.1897.

103 StadtA, BuR Nr. 1322 „Vortrag“ S. 19 ff.

104 Extrablatt der Westend-Zeitung. Neuhausen, Montag, den 21. November 1887.

105 Christian Lankes, München als Garnison im 19. Jahrhundert. Die Haupt- und Residenzstadt als Standort der Bayerischen Armee von Kurfürst Max IV. Joseph bis zur Jahrhundertwende = Militärgeschichte und Wehrwissenschaften Bd. 2, Berlin-Bonn-Herford 1993, S. 350–362.

106 Lankes S. 164–166.

107 D.v. Herder S. 38.

108 StadtA, Stadtchronik 1908/II S. 2727.

109 Megele S. 19, 110.

110 Spaziergänge durch Neuhausen und Nymphenburg = Neuhauser Nymphenburger Hefte, Heft 1, München .1997, S. 32/33.

111 Klaus Weschenfelder, Die Borstei in München. Ein konservatives Siedlungsmodell der Zwanziger Jahre = Miscellanea Bavarica Monacensia, Heft 99, 1980, S. 27, 29, 84/85, 106/109.

112 Freimut Scholz, St. Laurentius in München. Architektur, Ausstattung, Bedeutung, hrsg. vom Oratorium des Heiligen Philipp Neri und der Gemeinde St. Laurentius, München 2004, besonders S. 24. - Grundsteinlegung am 26.6.1955, Weihe am 27.11.1955 durch Kardinal Joseph Wendel, lt. Norbert Lieb und Heinz Jürgen Sauermost (Hrsg.), Münchens Kirchen. Mit einem chronologischen Verzeichnis der bestehenden Kirchenbauten, München 1973, S. 300 und Münchner Merkur Nr. 283 vom 26./27.11.1955 S. 6.

113 Festschrift 50 Jahre St. Theresia S. 30.

114 Megele S. 14 und Zeitungsberichte.

115 Megele S. 67.

116 Laturell/Mooseder, Moosach II S. 338/340.

117 D. v. Herder S. 30/31.

118 MGZ 20.6. und 30.6.1897. – Voglmaier, Hans Grässel S. 84.

119 StadtA, Bestattungsamt Nr. 1331.

120 Nina A. Krieg, Schon Ordnung ist Schönheit. Hans Grässels Münchner Friedhofsarchitektur (1894–1929), ein „deutsches“ Modell? = Miscellanea Bavarica Monacensia, Bd. 136, München 1990, S. 141.

121 StadtA, Schulamt Nr. 3606. – Horn/Karl, Neuhausen S. 170.

122 Horn/Karl, Neuhausen S. 172/173.

123 Max Megele, Baugeschichtlicher Atlas der Landeshauptstadt München. Die Stadt im Jubiläumsjahr 1958 = Neue Schriftenreihe des Stadtarchivs München, Bd. 10, München 1960, S. 27.

124 Zu Gast im alten München. Erinnerungen an Hotels, Wirtschaften und Cafés, hrsg. von Richard Bauer, bearb. von Eva Maria Graf und Erwin Münz, 1. Aufl. München 1982, S. 272.

125 50 Jahre Pfarrei St. Theresia in München 1935–1985. Festschrift zum 50jährigen Jubiläum der Pfarrei St. Theresia in München, hrsg. vom Kath. Stadtpfarramt München S. Theresia, München 1985, S. 11ff., 23.

Abkürzungen

BayHStA	= Bayerisches Hauptstaatsarchiv
BuR	= Bürgermeister und Rat
Fasz.	= Faszikel
GA	= Gemeinde-Ausschuß
GAP	= Gemeinde-Ausschuß-Protokoll. Sie liegen im Stadtarchiv, Bestand „Nymphenburg“ Nr. 436–440 für die Jahre 1883 - 22.12.1898
Gde	= Gemeinde
H&L	= Heilmann und Littmann
HR	= Hofamtsregistratur im BayHStA
LBK	= Lokalbaukommission
MdJ	= Ministerium des Inneren
MGZ	= Münchener Gemeinde-Zeitung
MNN	= Münchner Neueste Nachrichten
OA	= Oberbayerisches Archiv
PMB	= Polizeimeldebogen im Stadtarchiv
RP	= Ratsprotokoll im StadtAM
StaatsAM	= Staatsarchiv München
StadtAM	= Stadtarchiv München
StuHa	= Straßenbenennung und Hausnummerierung (Aktenbestand im StadtA)
TOP	= Tagesordnungspunkt
ZBLG	= Zeitschrift für Bayerische Landesgeschichte

BILDTEIL

1. Gern im Überblick

Schloss Nymphenburg

„Gruß aus Gern“. Postkarte o. D.

Linke Seite: Gern aus der Luft (rechts unten), aufgenommen über das Waisenhaus hinweg auf das Schloss zu. Postkarte nach 1933

Die Kolonie Gern. Im Vordergrund Gerner Straße, Kreuzung mit der Tizianstraße. Dahinter links die Gebäude des Westfriedhofs, rechts davon die ersten Bauten an der Waisenhaus-, Ecke Klugstraße („Kurfürst Maximilian"). Postkarte 2.9.1907

„Gruss aus Gern bei München“, mit Brauerei, Ballaufhof und Partie an der Ecke Gerner und Malsenstraße. Postkarte Juli 1897

„Gruss aus Gern b. München“, mit Brauerei, Ballaufhof, Partie an der Kreuzung Gerner und Tizianstraße, darüber Blick auf die Siedlung. Postkarte April 1903

„Gruss aus Gern bei München“, Biergarten, Bierhalle und Ballaufhof. Postkarte April 1901

2. Nördliche Auffahrtsallee

2.

Nördliche Auffahrtsallee. Sonntagsspaziergang des Instituts der Englischen Fräulein. Rechts Einmündung der Gerner Straße mit den Häusern Gerner Straße 2, 4 und 6 (von rechts nach links). Aufnahme um 1900

Nördliche Auffahrtsallee, heute Nr. 24 (rechts) und 25 (links), Architekt Paul Böhmer. Postkarte o. D.

Nördliche Auffahrtsallee. Links Wohnhaus des Bildhauers Eduard Beyerer (Hs.-Nr. 108, heute 14). Rechts Häuser der Böcklin-, im Hintergrund der Malsenstraße. Aufnahme 18.5.1904

3. Böcklinstraße

Böcklinstraße 14, 16, 18, 20. Architekt Rudolf Hofmann, Aufnahme April 1986

Böcklinstraße 1, Ecke Nördliche Auffahrtsallee (links), Architekt Rudolf Hofmann. Der Eigentümer des Hauses war jahrzehntelang Konsul, ab 1925 Generalkonsul der Niederlande. Postkarte 14.10.1927

Böcklinstraße 19, Ecke Tizianstraße. Wohnhaus des Malers Philipp Röth, Architekt wahrscheinlich Büro Heilmann & Littmann. Das Haus wurde nach Kriegszerstörung durch einen Neubau ersetzt. Postkarte o. D. (1930)

Böcklinstraße 56 (rechts) bis 60 und anschließend Klugstraße 62 (ganz links) im heutigen Zustand, Architekt Paul Böhmer.
Aufnahme 1975/76

Böcklinstraße 44, Architekt Paul Böhmer.
Postkarte o. D. (ca. 1910)

Böcklinstraße 50, Architekt Paul Böhmer.
Postkarte 1908

Böcklinstraße 60, Architekt Paul Böhmer. Die Herrschaften am Fenster dürften die Familie des Eigentümers, Oberstleutnant z. D. Hans und Marte Limmer, sein. Postkarte 24.7.1911

4. Gerner Straße

Gerner Straße 2, Ecke Nördliche Auffahrtsallee, Architekt Rudolf Hofmann, der das Haus um 1900 besaß. Das Haus wurde nach dem Krieg durch einen Neubau ersetzt. Aufnahme um 1905

Gerner Straße 5 und 7, Architekt Friedrich Wagner 1898. Aufnahme 1910

Gerner Straße 9, sog. Rote Villa. Das Haus wurde nach heftigen Kämpfen 1976 abgebrochen

Gerner Straße 12, Ecke Malsenstraße, Architekturbüro Heilmann & Littmann. Aufnahme von 1913

Gerner Straße 12, Ecke Malsenstraße, Architekturbüro Heilmann & Littmann. Zustand von Herbst 2009, mit nach Kriegsbeschädigung gekapptem Turmhelm

Gerner Straße 20 (rechts) bis 40 (links angeschnitten), Büro Heilmann & Littmann. 1894

Gerner Straße 34 (rechts) im noch erhaltenen ursprünglichen Zustand und 36 (links) vorsichtig modernisiert.
Aufnahme Herbst 2009

Die Gerner Straße mit dem Ballaufhof (links), dem Oswaldhof (Gerner Brauerei) mit dem Giebel zur Gerner Straße, dazwischen links das Jägerhaus. Postkarte um 1898

5. Klugstraße

Klugstraße 50 (früher 12), Architekt Heinrich Krefft.
Aufnahme Herbst 2009

Klugstraße 58 (früher 18), Architekt Heinrich Krefft. Das Haus wiederholt spiegelverkehrt das Haus Nr. 50 auf der vorherigen Abbildung. Th. Th. Heine besaß das Haus seit 1901. Er ließ sich hier am 20.9.1906 mit Frau und Tochter im Vorgarten fotographieren. Vier Wochen später ließ er es vollständig umgestalten

Klugstraße 58 (früher 18), Wohnhaus Th. Th. Heine, Architekt Paul Böhmer. Aufnahme vom 4.3.1913. Das sechsteilige Fenster in dem niedrigeren „Anbau" an der Klugstraße ist der Rest des großen Atelierfensters im Krefft-Bau. Auf der Klugstraße liegen Baugeleise

Klugstraße 50 (rechts), 52 (Mitte), 54 (links), Architekt Heinrich Krefft. Aufnahme Herbst 2009

Klugstraße 47a, 49, 51 (von links), Architekt Josef Kössler. Aufnahme 1975/76

Klugstraße 51, Villa von Volckamer,
Architekt Josef Kössler. Postkarte 31.12.1914

Waisenhausstraße 63, Ecke Klugstraße, Restaurant „Kurfürst Maximilian“. Architekt Josef Kössler. Aufnahme (beschädigtes Glasplatten-Negativ) 27.8.1904

Klugstraße 88 (rechts) bis 106 (links, Ecke Waisenhausstraße).
Architekt Franz Böttge. Aufnahme Herbst 2009

6. Kratzerstraße

Kratzerstraße 13, 15, 17 (von links), Architekt Paul Böhmer.
Aufnahme (von beschädigtem Glasplatten-Negativ) 1910

Kratzerstraße 18, Ecke Tizianstraße,
Architekt Büro Heilmann & Littmann.
Aufnahme 1975/76

Kratzerstraße 20, 22, 24 (von rechts). Nr. 20 war das Haus des Schriftstellers, Verlegers und Kunstmalers Karl Behmer, Architekturbüro Heilmann & Littmann. Aufnahme 1975/76

Kratzerstraße 39, Architekt Paul Böhmer.
Aufnahme 1910

Kratzerstraße 39 im heutigen Zustand.
Aufnahme 1975/76

Kratzerstraße 41, Architekt Franz Böttge.
Aufnahme 6.12.1909

7. Magdalenenstraße

Magdalenenstraße Ostseite von der Tizianstraße aus gesehen, ab Haus-Nr. 2, Architekt Franz Böttge.
Aufnahme 15.3.1918

Magdalenenstraße Ostseite, ab Haus-Nr. 12, Blick Richtung Klugstraße, Architekt Franz Böttge.
Aufnahme 15.3.1918

Magdalenenstraße 5, Architekt Rudolf Hofmann.
Aufnahme 1975/76

8. Malsenstraße

Malsenstraße 23 (vorne) und 21a, 21, 19 (nach links). Im Vordergrund die Kreuzung mit der Böcklinstraße. Architekt Paul Böhmer, Kratzputz-Ornamente von Sigmund von Suchodolski. Nr. 23 bewohnte der Architekt von 1906–1909 selbst. Nach rechts die Häuser Böcklinstraße 10a, 10 und 8.
Aufnahme April 1986

Das gleiche Haus Malsenstraße 23 von der Böcklinstraße aus gesehen.
Aufnahme April 1986.

Der gleiche Blick wie vorherige Abbildung, aufgenommen um 1910

Malsenstraße 25 (vorne), 27, 29, 31. Die folgende Baulücke wurde erst nach 1910 mit Haus Nr. 33 geschlossen. Architekt von Nr. 25, 27 und 31 Rudolf Hofmann. Nach der Lücke folgt Haus Nr. 35 (mit dem dunklen Erker). Aufnahme 12.4.1910

Malsenstraße 35. Nach links die Baulücke von Nr. 33, dann die Häuser 31 und 29. Architekt von Haus 35 Franz Böttge. Der Dachaufbau mit dem großen Fenster ist heute nicht mehr vorhanden, die Haustüre eine Garageneinfahrt. Aufnahme 12.4.1910

Malsenstraße 37. Dachbereich heute völlig verändert, Architekt Rudolf Hofmann. Aufnahme um 1910

Malsenstraße 45, 47, 49, 51 (von links nach rechts). Rechts die Einmündung der Henrik-Ibsen-Straße. Architekt Paul Böhmer, Kratzputz-Ornamente von Sigmund von Suchodolski. Aufnahme 1910

Gartenseite (Südseite) derselben Häusergruppe Malsenstraße 51 (links), 49, 47, 45 von der Henrik-Ibsen-Straße aus, Architekt Paul Böhmer. Aufnahme 18.9.1907

Malsenstraße 53, 55, 57 (von links nach rechts), Architekt Paul Böhmer, Kratzputz-Ornamente von Sigmund von Suchodolski. Das mittlere Haus gehörte dem Kunstmaler Ernst Liebermann, das rechte dem Opernsänger und Komponisten Adolf Wallnöfer. Aufnahme 19.9.1907

Kratzer-St

Derselbe Blick heute. Aufnahme Herbst 2009

Malsenstraße 66 (vorne), von links Einmündung der Kratzerstraße, dann Nr. 64 und 60. Das Wohnhaus mit dem mächtigen Turm des Kunstmalers und Radierers Peter von Halm im Vordergrund ist dem Bombenkrieg zum Opfer gefallen. Architekt war das Büro Heilmann & Littmann. Aufnahme Juli 1906

9. Nederlinger Straße

Nederlinger Straße 2 (rechts) und 4 (links), Architekt Paul Böhmer. Aufnahme 1910

Nederlinger Straße 1, 3, 5 (von links), Architekt Heilmann & Littmann (Nr. 1), Emil Schweighart (1910/11) (Nr. 3 und 5).
Aufnahme 1975/76

Nederlinger Straße 5, Architekt Emil
Schweighart (1910/11). Aufnahme 1911

10. Tizianstraße

Tizianstraße 45, Ecke Waisenhausstraße,
Architekt Franz Böttge. Aufnahme 1975/76

Tizianstraße 53. Von 1898 bis 1910 Wohnhaus des Bildhauers Ludwig Weise. Der Werkstattanbau, erst auf seinen Nachfolger Louis Buchhold zurückgehend, der hier eine Fabrik für naturwissenschaftliche Lehrmittel betrieb. Architekturbüro Heilmann & Littmann. Postkarte 1930

Tizianstraße 53 heute, nach erneutem Umbau der Erdgeschossräume und Anpassung an den ursprünglichen Zustand. Daneben Haus Nr. 55, nach Umbau und Aufstockung in jüngster Zeit. Aufnahme Herbst 2009

Linkes Bild: Tizianstraße 53 mit im Erdgeschoss eingebautem Ladengeschäft. Auch dieser Zustand ist bereits wieder überholt. Aufnahme von 1975/76

Rechtes Bild: Tizianstraße 55 vor Umbau- und Aufstockung. Architekt des ursprünglichen Baues war Rudolf Hofmann. Aufnahme 1975/76

Tizianstraße 75, Ecke Böcklinstraße (nach links 73 und 71). Mit Ausnahme der fehlenden Fensterläden heute noch im gleichen Zustand. Architekt Paul Böhmer. Aufnahme 1910

Tizianstraße 83. Heute noch unverändert.
Architekturbüro Heilmann & Littmann.
Aufnahme1975/76

Kratzerstraße 19, Ecke Tizianstraße. Nach rechts Tizianstraße 89–93. Kratzerstraße 19 war das Wohnhaus des Kunstmalers Philipp Röth. Büro Heilmann & Littmann. Aufnahme 8.12.1904

Häusergruppe an der Nordseite der Tizianstraße, rechts Kratzerstraße 21, ganz links Gerner Straße 50, dazwischen Tizianstraße 48 bis 38 (von links). Mit Ausnahme von Gerner Straße 50 (Architekt Rudolf Hofmann) alle vom Büro Heilmann & Littmann. Negativ beschädigt. Aufnahme 8.12.1904

Tizianstraße 22 (links) und 20 (rechts), Ecke Wilhelm-Düll-Straße, Architekt Rudolf Hofmann. Das rechte Haus bewohnte von 1899 bis 1904 die Mutter des Architekten, Witwe eines der Chef-Architekten von König-Ludwig II., Julius Hofmann. Das linke Haus bewohnte der Architekt selbst bis zu seinem Tod 1951, mit Unterbrechungen. Aufnahme 1975/76

11. Willhelm-Düll-Straße

Wilhelm-Düll-Straße 2 (vorne) bis 10, von der Tizianstraße aus, Architekt Thunig & Pabst. Aufnahme 1909

Dieselben Häuser, diesmal von der Klugstraße aus, vorne Nr. 10, um 1910

Wilhelm-Düll-Straße 18, 20, 22 (von rechts). Haus Nr. 16 wurde erst 1939/40 angeschlossen. Nach links ist die Häuserreihe bis heute unvollendet. Vater und Sohn auf Fahrrädern waren zu dieser Zeit noch eine Seltenheit. Architekt Rudolf Hofmann.
Stark beschädigtes Negativ. Aufnahme 11.7.1909

Dieselbe Häusergruppe von der Klugstraße aus zeigt den heute noch fast unveränderten Zustand der Häuser. Die Häuserzeile endet auch heute noch mit der Brandmauer links. Aufnahme 1975/76

Wilhelm-Düll-Straße 23, 21, 19 (von rechts). Nach rechts an der Ecke zur Klugstraße fehlte noch bis Mitte der 50er Jahre das Eckhaus Nr. 25. Architekt Rudolf Hofmann. Stark beschädigtes Negativ. Aufnahme 14.7.1909

Wilhelm-Düll-Straße 9, Wohnhaus des Kunstmalers Hans Treiber (1869–1968) nach der jüngsten Renovierung. Architekt Rudolf Hofmann. Die Katze heißt Kimmi. Aufnahme Herbst 2009

Mittelteil des Doppelhauses Wilhelm-Düll-Straße 3 und 5 (von links) nach starker Kriegsbeschädigung, von der sich die Häuser nie mehr erholt haben. Architekt Rudolf Hofmann. Aufnahme o. D. (ca. 1955)

Wilhelm-Düll-Straße 5, 3 und 1 (von rechts), ganz links der Turm von Tizianstraße 20. Architekt Rudolf Hofmann. Negativ beschädigt. Aufnahme 3.6.1907

Wilhelm-Düll-Straße 3 und 5 (von links). Rechts oben unter dem Dach wohnte von 1912 bis 1914 Lena Christ. Aufnahme Herbst 2009

Wilhelm-Düll-Straße 1. Eingangssituation inzwischen verändert. Architekt Rudolf Hofmann. Aufnahme 1975/76

Bildnachweis

Die Abbildungen sind nach Seiten (fett) sortiert. Der Seitenzahl folgt der Bestand (s. a. „Abkürzungen der Bestandsbezeichnungen“ unten) sowie die fortlaufende archivalische Nummerierung

13 Aus: “Michael Wening, Historico-Topographica Descriptio”, Teil I, München 1701., **14** Verw. der Staatl. Schlösser, Gärten und Seen, **15** Luftaufnahmen, **16** Pk-Stb-00809, **17** Luftaufnahmen, **19** Str+Pl Gerner Straße 33, **23** Pk-Stb-8658, **23** Str+Pl Nederlinger Straße 35, **25** Pk-Stb-03009, **26** Sammlung Hilsdorf, **27** HB XVI 570, **28** HB XVI 103, **31** Pett1-2251, **31** Pett1-1866, **31** Stuffler-Sammlung, **31** Pett1-3690, **34** Pett1-1710, **35** Pett1-1709, **36** Bildarchiv Foto Marburg, **36** Str+Pl Böcklinstraße 25, **37** Bildarchiv Foto Marburg, **37** Lichtdrucke, Malsenstraße, **38** Bildarchiv Foto Marburg, **38** Str+Pl Wilhelm-Düll-Straße 15, 17, **39** Bildarchiv Foto Marburg, **39** Str+Pl Tizianstraße 16, **40** Personen Lena Christ, **41** Personen Otto Julius Bierbaum, **43** Pk-Stb-5251, **47** Luftaufnahmen, **54** Pk-Stb-7030, **55** Pk-Stb-6948, **56** Pett1-2204, **57** Luftaufnahmen, **58** Pk-Stb-8144, **58** Pk-Stb-4592, **59** Stb, Borstei, **60** Pk-Stb-6027, **61** Stb, Heime, **62** Luftaufnahmen, **63** Pk-Stb-4746, **64** Pk-Stb-3078, **64** Pk-Stb-4440, **65** Pk-Stb-6471, **66** Stb, Rus-orth. Kapelle, **72** Pk-Stb-08170, **73** Pk-Stb-08656, **74** Pk-Stb-08651, **75** Pk-Stb-08654, **76** Pk-Stb-08655, **77** Pk-Stb-3010, **80** Pett1-2581, **81** Pk-Str-1553, **82** Pett1-2593, **84** Str+Pl Böcklinstraße 14-20, **85** Pk-Str-204, **86** Pk-Str-2297, **87** Str+Pl Böcklinstraße 56-60, **88** Pk-Str Böcklinstraße 44, **89** Pk-Str-207, **90** Pk-Str-208, **92** Pett1-1050, **93** Pett1-1051, **93** Str+Pl Gerner Straße 9, **94** Pk-Str-493, **95** Str+Pl Gerner Straße 12, **96** Str+Pl Gerner Straße 20, **97** Str+Pl Gerner Straße 34, **98** Pk-Stb-08653, **100** Str+Pl Klugstraße 50, **101** Pett1-1707, **102/103** Pett1-1711, **104** Str+Pl Klugstraße 50, **105** Str+Pl Klugstraße 47a-51, **106** Pk-Str-952, **107** Pett1-3868, **108** Str+Pl Klugstraße 88-106, **110** Pett1-1865, **111** Str+Pl Kratzerstraße 18, **112** Str+Pl Kratzerstraße 20-24, **113** Pk-Str-1007, **113** Str+Pl Kratzerstraße 39, **114** Pk-Str-1008, **116** Pett1-2203, **117** Pett1-2205, **118** Str+Pl Magdalenenstraße 5, **120** Str+Pl Malsenstraße 19-23, **120** Str+Pl Malsenstraße 23, **121** Pett1-2243, **122** Pett1-2244, **123** Pett1-2245, **124** Pett1-2246, **125** Lichtdrucke, **126** Pett1-2247, **127** Pett1-2248, **128/129** Pett1-2250, **129** Str+Pl Malsenstraße 66, **131** Lichtdrucke, **132** Str+Pl Nederlinger Straße 1-5, **133** Aus „München und seine Bauten“ 421, **135** Str+Pl Tizianstraße 45, **136** Pk-Str-2296, **137** Str+Pl Tizianstraße 53, **137** Str+Pl Tizianstraße 53, **137** Str+Pl Tizianstraße 55, **138** Lichtdrucke, **139** Str+Pl Tizianstraße 83, **140** Pett1-3692, **141** Pett1-3691, **142** Str+Pl Tizianstraße 20, 22, **144** Pett1-3969, **145** Pett1-3971, **146** Pett1-3972, **147** Str+Pl Wilhelm-Düll-Straße 18-22, **148** Pett1-3973, **149** Str+Pl Wilhelm-Düll-Straße 9, **150** Str+Pl Wilhelm-Düll-Straße 3, 5, **151** Pett1-3970, **151** Str+Pl Wilhelm-Düll-Straße 3, 5, **152** Str+Pl Wilhelm-Düll-Straße 1

Abkürzungen der Bestandsbezeichnungen:

HB	Städt. Hochbausammlung, ist in 30 (röm. I bis XXX) verschiedene Gruppen gegliedert
Pett	Nachlass des Fotografen Pettendorfer, im Bereich Topographie in **Pett1** Straßen und Plätze und **Pett2** Stadbild unterteilt
Pk	Die Postkartensammlung ist im topographischen Bereich in die Rubriken **Pk-Stb** Stadtbild (Gebäude, Brücken, Brunnen etc.- Zollhaus) und **Pk-Str** Straßen (und Plätze) unterteilt
Stb	Bestand Stadtbild, Unterteilung s.o., besteht vorwiegend aus Fotos, die keiner übergreifenden Provenienz zugeordnet sind.
Str+Pl	Bestand Straßen und Plätze von A–Z, enthält vorwiegend Fotos, die keiner übergreifenden Provenienz zugeordnet sind.

Der Autor

Helmuth Stahleder, 1940 in Landshut geboren, studierte Geschichte und Germanistik in München und war viele Jahre stellvertretender Leiter des Stadtarchivs München.

Er veröffentlichte Abhandlungen zur bayerischen Geschichte und zur Geschichte der Landeshauptstadt, u.a. „Chronik der Stadt München von 1157–1818“, „Älteres Häuserbuch der Stadt München 1368–1571“, „Beiträge zur Geschichte der Münchner Bürgergeschlechter des Mittelalters“, „Kirche in der Vorstadt. Die evangelische Christuskirche und der Münchner Stadtbezirk Neuhausen um 1900“, „Von Allach bis Zamilapark. Namen und historische Grunddaten zur Geschichte Münchens und seiner eingemeindeten Vororte“, „Haus- und Straßennamen der Münchner Altstadt“, „Vom Klosterhof zum Villenvorort. Gern und die Eingemeindung von Nymphenburg am 1. Januar 1899“.

Gern heute

Karte aus dem Jahr 2008

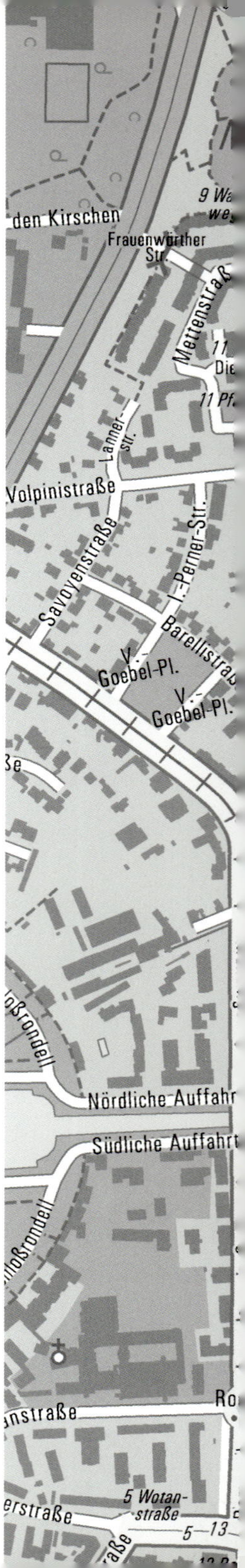